NOTICE HISTORIQUE

SUR LES

PRINCIPAUX ÉVÈNEMENTS DE LA VIE

DU CHEVALIER

BARTHÉLEMY-HENRI-ANACHARSIS DU BOIS-HALBRAN

écrite par lui et accompagnée de son portrait,
celui de son frère Joseph-Anacharsis du Bois-Halbran de Beauvais
de son fils Louis-Ana du Bois-Halbran ;
ainsi que d'un nombre de gravures représentant quelques plantations, plantes
et animaux les plus curieux de l'île de Cuba.

BORDEAUX

IMPRIMERIE ALCIDE SAMIE

16, Rue du Parlement-Saint-Pierre, 16

1876

NOTICE HISTORIQUE

SUR LES

PRINCIPAUX ÉVÈNEMENTS DE LA VIE

DU CHEVALIER

BARTHÉLEMY-HENRI-ANACHARSIS DU BOIS-HALBRAN

ecrite par lui et accompagnée de son portrait
celui de son frère Joseph-Anacharsis du Bois-Halbran de Beauvais
de son fils Louis-Ana du Bois-Halbran
ainsi que d'un nombre de gravures représentant quelques plantations, plantes
et animaux les plus curieux de l'île de Cuba.

BORDEAUX

IMPRIMERIE ALCIDE SAMIE

16, Rue du Parlement-Saint-Pierre, 16

1876

A MON FILS

LOUIS-ANA DU BOIS-HALBRAN

Kingstown (Jamaïque), 30 septembre 1875.

Mon cher Fils,

Tu dois être mon meilleur ami et l'unique qui partage sincèrement mes peines. Devenu vieux et attaqué d'infirmités et d'une multitude de chagrins, je n'ai plus d'autre consolation que celle de penser que tu me seras dévoué et que tu sauras toujours te rendre digne de ma tendresse en vivant honorablement et en sachant supporter les peines de la vie; reçois donc pour t'aider dans ta prudente et sage conduite, et comme exemple de ma résignation constante pendant mes malheurs (desquels tu as été en partie témoin), cette petite brochure mal écrite, mais qui trace les principaux évènements de ma triste existence, et que je te dédie avec la meilleure intention, pour que, dans l'adversité ou tout autre affliction de ta vie, tu puisses t'en servir en mémoire de

Ton dévoué père,
H. DU BOIS-HALBRAN.

NOTICE HISTORIQUE

SUR LES

PRINCIPAUX ÉVÈNEMENTS DE LA VIE

DU CHEVALIER

BARTHÉLEMY-HENRI-ANACHARSIS DU BOIS-HALBRAN

I

Mon origine.

J'appartiens à une des plus anciennes familles nobles de France, et si je débute par cet avis, ce n'est point parce que je suis impulsé par un sentiment d'orgueil, mais seulement parce que cette circonstance étant la cause de tous les malheurs de ma famille et de tous les évènements de ma vie, il devient indispensable, pour donner suite à cette histoire, d'en faire connaître l'origine.

Comme je n'ai point la prétention de présenter ici une carte généalogique de ma famille, je me contenterai simplement de remonter à mon grand-père paternel, Étienne du Bois-Halbran, comte et vicomte de Beauvais et de Beauchesne, etc.[1], pour donner cours à ma Notice, en la rendant aussi succinte que possible.

Mon grand-père, Étienne du Bois-Halbran, ayant eu dès

[1] Les armes de ma famille sont : de gueules (alias : de sable), à deux épées d'argent, garnies d'or, posées en sautoir, la pointe en bas. — Couronne de comte. — Supports : deux sauvages. — Devise : IN ARMIS.

sa plus tendre enfance une grande vocation pour la marine, fit les études nécessaires pour pouvoir entreprendre cette carrière, et à l'aide de sa bonne disposition, il parvint promptement à être reçu capitaine de navire au long cours ; mais après avoir navigué peu de temps, il changea d'inclination pour s'employer dans les bureaux d'administration militaire ; il s'était marié fort jeune, avec Mademoiselle Gracieuse Gramont de Castéra, dont le frère devint plus tard riche banquier, et exigea qu'il se retirât du service pour le mettre à la tête de ses immenses affaires, lorsqu'il n'avait encore acquis que le grade de capitaine d'artillerie.

De l'union de mon grand-père paternel avec Mademoiselle Gracieuse Gramont de Castéra naquirent les sept fils dénommés par gradation d'âge, comme suit : mon père, Barthélemy du Bois-Halbran de Beauvais, aîné de tous ; Jacques-Victor, Jean-Baptiste, Édouard, Jacques-Vincent, Henri-Joseph-Marie-Anne-Clotilde et Romain-Barthélemy, qui furent élevés avec grande distinction et qui embrassèrent diverses carrières honorables dans les emplois civils et militaires, sans avoir pu en retirer tout le fruit qui leur était permis d'en espérer, par cause des évènements survenus à la suite de notre Révolution française de l'an 1789 jusqu'à la grande Terreur de 93 à 96, et, plus tard, la chute de l'Empire.

Durant cet intervalle, mon grand-père et grand'mère paternels étant morts, mon père, qui déjà travaillait depuis quelque temps dans les bureaux de son grand-oncle. Monsieur Gramont de Castéra, et qui était parfaitement apte et au courant de ses affaires, fut choisi par celui-ci pour remplacer son défunt père, emploi honorable et lucratif qu'il sut mériter et conserver jusqu'à l'époque où éclata la Révolution et la persécution de toutes les familles nobles.

Monsieur Gramont de Castéra, nommé *après* ce temps maire de la ville de Bordeaux, et surtout durant l'époque des Cent Jours, s'était déjà couvert de gloire, au grand péril de sa vie, par son grand courage et sa sage administration ; mais enfin n'ayant pu lutter plus longtemps contre le débordement frénétique des passions continuellement surexcitées, et après avoir été dépouillé de tous les biens qu'il possédait en France, fut cité à la barre [1] pour subir un jugement duquel il ne put éluder la fatale sentence et sauver son existence, que par suite d'un moment de réaction qui lui permit, à l'aide de l'amour et grande vénération que lui professaient les Bordelais, de trouver moyen de s'évader. Il se résigna à vivre plus modestement et à former ensuite, des débris de son ancienne fortune, une nouvelle association de commerce à Bordeaux, sous la raison de Gramont, Fouger et Cie, et en second lieu sous celle de Gramont et Chegaray ; mais, hélas ! ces évènements trop graves, survenus à un âge déjà avancé, affectèrent considérablement son moral, et finirent par consumer ses jours, qui s'éteignirent peu d'années après, en déterminant le principe de nos malheurs futurs. La ville de Bordeaux, reconnaissante des bienfaits que lui avait prodigué ce magistrat, lui a fait élever un monument à ses frais, dans le cimetière de la Chartreuse, avec des épitaphes empreintes d'un respectueux dévouement des Bordelais pour perpétuer sa mémoire. Pendant cette horrible catastrophe, qui anéantissait toutes les espérances présentes et à venir de mon père, plein d'amertume et saisi d'un sentiment d'horreur, il prit la détermination de s'expatrier pour chercher fortune

(1) Tribunal inique institué pendant la grande Terreur de la Révolution.

dans des contrées plus paisibles, et aussitôt il passa à la Nouvelle-Orléans, qui était encore une ville toute française, pour s'y établir dans le commerce ; mais comme à cette époque l'île de Cuba offrait d'immenses avantages aux cultivateurs, et que mon père y avait un bon nombre de ses meilleurs amis dans une très-bonne position, tel que principalament Monsieur Prudent Casamajor, fondateur des caféières de ce pays, ceux-ci ne manquèrent point de l'engager fortement à se rendre auprès d'eux, dans le but d'acheter ou d'établir une propriété en café dans cette magnifique et fertile colonie ; les raisons convainquantes qui lui furent présentées le déterminèrent à s'y rendre promptement, après avoir chargé notre frère aîné de ses affaires de commerce, et comme il lui plut infiniment, il se décida à y acquérir une concession de terre à la *Sierra Maestra*[1] et un vaste terrain dans le quartier de Sainte-Catherine de Guantanamo, et d'y joindre un bon nombre d'esclaves pour y former un établissement de sucrerie, sur lequel, en attendant, il fit essayer la culture des cotoniers, qui eut un résultat funeste par rapport à l'innombrable quantité de chenilles qui les dévorèrent jusqu'à la racine.

Mon père et tous ses frères s'étaient toujours sentis fort peu d'inclination pour le mariage ; mais néanmoins, Mademoiselle Jeanne Royne de Lugon, dont la famille était amie de la nôtre, sut, par ses qualités aimables, se faire particulièrement distinguer de lui et captiver son amour, au point même de ne pouvoir résister d'en faire la demande en mariage, et à en accélérer la cérémonie, qui s'effectua à Bordeaux (peu de temps après son retour en France), le 10 juin 1803, et son frère cadet (Jacques-

[1] Chaîne maîtresse de montagne.

Victor), suivant son exemple, se maria aussi à courte distance avec Mademoiselle Élisabeth Casey, d'origine anglaise, pendant que leurs cinq autres frères sont demeurés, jusqu'à leur décès, sans contracter d'alliances. — Mon père eut trois enfants mâles, nommés comme suit : Louis-Anacharsis du Bois-Halbran de Beauvais, né à Bordeaux, le 5 mai 1804, et décédé à la Nouvelle-Orléans le 23 janvier 1851 ; le deuxième, Joseph-Anacharsis du Bois-Halbran de Beauvais, résidant à Cárdenas (île de Cuba), né le 14 octobre 1805, qui, par suite de la mort de notre frère aîné, est devenu chef du nom et armes de notre famille ; et enfin, moi troisième, né comme les deux précédents dans la même ville, le 18 février 1810. — Mon oncle Victor n'a eu de son mariage que deux enfants, l'un mâle nommé Gustave du Bois-Halbran (devenu homme de lettres), et sa sœur Honorine, mariée à Monsieur Washington Morton, commerçant et propriétaire à Bordeaux.

J'ai peu connu mon père, qui depuis son départ de France n'y venait que tous les deux ans pour y passer quelques mois avec sa famille, et qui est mort en l'année 1820, lorsque j'étais encore bien jeune ; mais je ne lui en garde pas moins un tendre souvenir pour la finesse de ses manières et la grande sollicitude qu'il me professait ; sa perte, pendant que j'étais dans l'enfance, fut pour moi la plus grande disgrâce de mon existence ! — Comme il mourut sur son habitation, qui dans ce temps était située dans un quartier presque désert, il fut enterré dans un très-modeste cimetière de campagne, où, plus tard, j'ai vainement cherché sa sépulture pour lui faire élever un petit monument, comme faible hommage de ma grande douleur et de mon sensible et respectueux souvenir !

Après les indispensables détails qui précèdent pour faire suivre une marche régulière à mon histoire, je reviens à l'établissement de la sucrerie *Soledad de Arroyo-Hondo* [1] , que mon père avait fait établir et poussait avec activité, et qui, sans nul doute, aurait produit notre fortune, si le mauvais sort qui nous a toujours poursuivi n'eût permis qu'il mourût subitement et loin de sa famille, encore à la fleur de l'âge ! — Ce pénible et funeste évènement conclut toutes nos espérances et fixa notre destinée avec d'autant plus de certitude que la justice espagnole de cette époque, entièrement corrompue et simplement guidée par un sordide intérêt, se précipita sans aucune difficulté, par l'absence totale de tous héritiers, sur la succession qu'elle chercha d'abord à prouver être demeurée intestat, et qu'elle absorbait journellement par une multitude de frais et d'écrits, qui dévorèrent en fort peu de temps les trois quarts du bien qu'il nous avait laissé. En vue de ces douloureuses circonstances, plusieurs des amis de notre père en donnèrent avis à notre mère qui résidait en France avec moi, ainsi qu'à notre frère aîné, qui était demeuré à la Nouvelle-Orléans pour gérer les affaires commerciales et soigner les intérêts que notre père lui avait confié en partant pour Santiago de Cuba. — Aussitôt que notre frère fut avisé de l'immense et trop sensible perte qui nous était survenue et des désastres qui nous en résultaient, il se rendit immédiatement sur les lieux, théâtre de notre disgrâce, ayant eu soin de confier l'administration des affaires qui était sous sa gouverne à notre frère cadet, Joseph-Anacharsis, qu'il avait fait venir auprès de lui peu de temps avant la terrible catastrophe que je décris ; mais à cette époque notre frère aîné,

[1] Solitude du Ruisseau-Profond.

encore très-jeune et peu au courant des affaires judiciaires du pays qui s'y suivaient en secret au moyen d'écrits, et n'ayant pas non plus alors la connaissance de la langue espagnole qu'il n'acquit qu'à la longue, il ne put obtenir aucun bon résultat de toutes ses démarches, et se vit forcé, d'accord avec nos amis, et très-particulièrement Monsieur Prudent Casamajor, d'engager notre mère à venir promptement auprès de lui pour augmenter la force de nos réclamations ; ce qu'elle effectua sans délai, après m'avoir retiré du collége où j'étais pensionnaire depuis plusieurs années pour ne point se séparer de moi, quoique je fusse en bon chemin de faire des études, qui probablement m'eussent été plus avantageuses que la nouvelle carrière que j'allais entreprendre dans un pays très-mal sain, et qui n'était guère habité à cette époque que par un grand nombre de noirs Africains qu'on y transportait journellement par nombreux chargements pour en faire trafic !

Ici va commencer plus particulièrement ce qui me concerne personnellement pour la fatalité qui m'a toujours accompagné et les contrariétés que je n'ai jamais cessé d'éprouver dès le moment où j'ai abandonné le sol de ma chère patrie, et je puis assurer que les quelques moments heureux que j'ai pu passer pendant tout le reste de mon existence sont tellement courts, en comparaison de mes chagrins, que je ne cesserai d'avoir présent et de répéter ce qu'a dit un sage : « Le plus beau jour de ma vie sera le jour de ma mort ! »

II

Départ de France et évènements du voyage.

Ma mère arrêta nos passages à Bordeaux à bord du trois-mâts *Bon-Père,* capitaine Tancrède, le 15 septembre 1821, et nous ne tardâmes pas à partir. J'avais alors près de douze ans, et comme j'étais fort espiègle et plein d'intelligence, je fus bientôt distingué et devins le favori des nombreux passagers qui se rendaient avec nous à Pauillac [1], sur un bateau à vapeur de cette carrière pour joindre notre navire, qui y attendait le temps convenable pour mettre aussitôt en mer.

Le prélude de notre voyage fut assez bon, car le temps, qui depuis quelques jours était de très-mauvaise apparence et les vents tout à fait contraires, se rétablirent et changèrent entièrement dès l'instant de notre arrivée à Pauillac, et notre capitaine, comme expérimenté marin, sut en profiter pour nous faire atteindre, dès le lendemain, la magnifique tour de Cordouan, qui est située au milieu de la mer en sortant de la Gironde, pour rentrer dans le golfe de Gascogne. Nous eûmes sept ou huit jours d'une assez bonne navigation ; mais, hélas ! combien ce temps fut court !... Le vent qui nous avait favorisé jusqu'ici devint totalement contraire en passant subitement à l'ouest, avec la violence d'une affreuse tempête, et il n'y eut plus moyen de continuer notre route ! Force nous vallut de soutenir à la cape l'épouvantable mer qui nous dévorait, sans autre défense que la grande solidité du navire qui nous portait.

(1) Ville située à *12* lieues de Bordeaux, au bas de la rivière Gironde.

Nous étions déjà depuis plus d'un mois dans cette triste situation sans pouvoir prendre un moment de repos et d'autre nourriture que du biscuit, et sans que le soleil, qui avait entièrement cessé de paraître, nous permît de prendre hauteur, et nous ignorions si complètement les lieux ou les vents et courants variables avaient pu nous conduire, que dans la nuit du 29 octobre nous nous trouvâmes sur le point d'être lancés sur les récifs Chiens-Perrains, desquels nous ne pûmes nous délivrer que grâce au mérite courageux de notre digne et prudent capitaine. Pendant la manœuvre qui fut nécessaire pour nous éloigner du danger, nous perdîmes nos trois mâts de perroquet, qui furent moulus par la force du vent, et une foudroyante lame en même temps brisa tous les bordages du navire, laissant son pont totalement net, et emportant dans sa course deux de nos meilleurs matelots! — Après tous ces contre-temps et les avaries qui nous en résultaient, jointes à la grande diminution de nos provisions, principalement de toutes nos pipes d'eau que la mer avait balayé sur notre pont avec la cuisine, les lieux, les cages à poules, etc., etc.; l'aspect du temps ne donnant aucun espoir d'amélioration, notre capitaine jugea prudent et détermina de nous rendre de relâche à la Rochelle. Cette détermination bien arrêtée fut immédiatement suivie, quoique avec difficulté, par rapport à l'ouragan qui continuait à nous poursuivre. — Arrivés le second jour après notre accord sur les sables d'Olonne, près de l'île de Ré, et le temps continuant trop dangereux pour naviguer de nuit près des côtes, le capitaine ordonna de mouiller sur les sables; mais plus tard et pendant l'obscurité la plus profonde, la mer devint si houleuse, que notre navire, talonnant avec violence sur le banc, nous mit dans la trèsurgente nécessité de nous en éloigner; notre capitaine donna aussitôt ordre de lever l'ancre; mais pendant cette opération la chaîne ayant cassé, nous fûmes longtemps entraînés à la dérive et jouets des éléments, sous la seule garde de Dieu, jusqu'à la matinée suivante, que nous pûmes rentrer au mouillage de l'île de Ré, d'où, après deux jours de repos, nous continuâmes notre route pour la Rochelle, où nous arrivâmes sans aucun autre évènement remarquable.

Les avaries de notre navire étaient nombreuses, et quoiqu'elles fussent moindres que celles de la majeure partie des autres bâtiments qui avaient été obligés, comme nous, de relâcher dans ce port, il n'en fallut pas moins près d'un mois pour les réparer, au bout duquel terme nous nous remîmes en route et arrivâmes à Santiago de Cuba, dans l'espace de soixante-deux jours, sans autres circonstances particulières que celle d'avoir éprouvé quelques calmes et d'êtres visités, près des attérages de Saint-Domingue, par un pirate bordelais, qui se contenta, en qualité de compatriote, de nous faire peur et de s'approvisionner à nos dépens.

III

Arrivée à Santiago de Cuba. — Maladie du pays.

Ma mère et moi débarquâmes, le 11 février 1822, à Santiago, et Monsieur Prudent Casamajor (principal négociant de cette ville), accompagné de mon frère aîné, ayant été instruits de notre arrivée, eurent l'amabilité de venir nous chercher avec une voiture pour nous conduire chez ce premier, où il voulut que nous établissions notre résidence. — Les fatigues du long et pénible voyage que nous venions de faire exigeaient un grand repos en arrivant sous ce brûlant climat, pour éviter la maladie endémique du pays, qui, surtout à cette époque, moissonnait la majeure partie des européens qui y abordaient, et qui détruisit, en peu de jours, presque tout l'équipage du navire qui nous y avait conduit; mais ma mère prudente sut, pendant que Monsieur Prudent Casamajor la mettait au courant de l'état de ses affaires, profiter des limonades salutaires et rafraîchissantes que fournissent les nombreux fruits du pays, parmi lesquels le tamarin et la grenadille, la pomme acajou et l'orange, les citrons sauvages et le corossole, etc., jouent les premiers rôles, et, de cette manière, elle put s'exempter de cette affreuse épidémie, qui souvent corrompt le sang et détruit sa victime en moins de quarante-huit heures; mais il n'en fut pas de même de moi, qui, malgré tous ses soins et sa surveillance, ne put arrêter la fougue de mon inexpérimentée jeunesse; je m'évadais souvent de sa garde pour parcourir notre ville pendant même la forte chaleur du jour, laquelle ville me paraissait fort curieuse par sa situation montagneuse et son genre de bâtisses, et ma gourmandise également m'invitait à manger souvent toutes sortes de fruits attrayants par leur bonne mine, mais parmi lesquels un grand nombre sont très-nuisibles aux nouveaux venus; bref, après environ un mois de séjour, je fus fortement attaqué de maux de reins et d'une forte fièvre, qui fut déclarée fièvre jaune par les médecins que ma mère fit appeler. — Je demeurai six jours dans un état continuel d'ardentes convulsions, au bout duquel temps ma fièvre sembla calmée; j'eus des vomissements d'une humeur sanguine et noirâtre; ma langue, qui me semblait d'une dimension énorme, prit la même couleur; j'étais devenu presque insensible, puisqu'on put me couper de larges morceaux de chair cangrenée sur les divers vésicatoires et emplâtres qui m'avaient été appliqués, sans que je m'en aperçusse, et ma faiblesse était tellement grande, par suite de ma grande perte de sang et des souffrances que j'avais enduré, que je tombai dans un complet anéantissement, que les savants médecins déclarèrent être le symptôme de ma prochaine mort, qui aurait immanquablement eu lieu si j'étais demeuré plus longtemps entre leurs mains, et si ce n'eût été des bons et intelligents soins de ma garde-malade (vieille créole de Saint-Domingue), qui, en désespoir de cause, entreprit ma cure, qu'elle obtint parfaite en peu de jours, aidée seulement de ma jeunesse et de mon bon tempérament. — Cette maladie fut le principe de bien d'autres qui m'ont assailli depuis dans le courant de ma longue résidence en Amérique.

Aussitôt après mon rétablissement, ma mère continua avec plus d'activité les démarches pendantes qu'elle avait commencé pour le définitif règlement de ses affaires, et après aussi beaucoup de difficultés, elle parvint enfin à se faire remettre en possession de notre habitation de *Arroyo-Hondo,* avec une partie de ses esclaves. — Cette propriété avait été longtemps négligée, et elle s'empressa d'y établir notre résidence et de prendre un administrateur pour la remettre en chemin de production; mais comme nos recours avaient considérablement diminués, par cause des grands frais que nous avaient occasionnés les tribunaux espagnols, nous dûmes renoncer à l'établissement trop dispendieux d'une sucrerie pour nous livrer à la culture du tabac, jusqu'à ce qu'un peu plus tard nous puissions réaliser notre projet d'établir une caféière dans les hautes montagnes de la Sierra-Maestra, que les Français venaient de mettre en exploitation. [1]

IV

Voyage à la Nouvelle-Orléans, aux États-Unis et à l'Amérique du Sud.

Quelque temps après ces arrangements, mon frère aîné étant retourné à la Nouvelle-Orléans, je fus envoyé auprès de lui, dans le but d'être mis dans un collége pour y achever mon éducation, et dès ce moment mon frère Joseph-Anacharsis vint me remplacer auprès de notre mère. — La Nouvelle-Orléans me plut infiniment : c'est un charmant, très-riche et très-curieux pays, et la société presque toute française qui y existait alors était vraiment délicieuse. Mon frère ainé, après avoir terminé dans cette ville les affaires de la succession de notre père, était devenu caissier de la Banque de l'État de la Louisianne, et ce poste, très-honorable et avantageux, lui permettait de satisfaire ses goûts généreux; ainsi dès que je terminai mes études, il me combla de largesses et de soins amicaux ; il désira que je parcourusse et visitasse à ses frais, avant de retourner à Cuba, les principales villes des États-Unis, telles que New-York, Philadelphie, Baltimore et Boston, de même qu'une partie de celles des Républiques espagnoles de l'Amérique du Sud, dont le cours de mon pélerinage dans ces derniers parages a produit l'un des évènements le plus notable de mon existence, sur lequel j'aurai à revenir en son temps pour en faire une particulière et détaillée

(1) Depuis cette époque, le Gouvernement français, irrité par les abus commis sur ses nationaux en affaires de successions, a fait un traité avec le Gouvernement espagnol, qui autorise nos consuls d'intervenir et régler tous les intérêts provenant d'héritages de sujets français.

mention. Je conserve un souvenir bien agréable de la Nouvelle-Orléans; j'y ai passé des moments délicieux, et j'y ai eu, sans préjudice de l'innocence, quelques petites intrigues amoureuses divines qui m'en feront garder des souvenirs ineffaçables. — Les femmes y sont belles et aimables ; la ville est superbe et séduisante par ses nombreux plaisirs ; la chasse et la pêche en tout genre y sont abondantes et agréables, parce que le sol y est plat et ombragé par de vastes et superbes forêts de pins (mais pourvu cependant qu'on ait soin de se préserver des serpents congots et à sonnettes, dont la morsure est mortelle) ; la nourriture y est abondante et bonne, et enfin, aujourd'hui que je suis devenu vieux, j'ai toujours présent un souvenir riant de cette admirable contrée. — Je ne puis faire une grande description des autres villes où je suis passé, parce que je n'y ai pas fait assez long séjour ; je dirai seulement que New-York m'a paru une vaste et magnifique cité et d'un immense commerce, et que la vie de ses principaux hôtels est très-confortable.

Pendant mon incursion dans l'Amérique du Sud, j'eus occasion de passer et de demeurer quelque temps dans la ville de Maracaïbo ; j'étais porteur d'une lettre d'introduction pour une des familles des plus distinguées de cette ville (el Caballero Doctor Don Ramon Hortegaz)[1], frère du vaillant et renommé général Venezolano[2], de ce nom, laquelle famille était unie, par sa grande naissance, à la plus haute aristocratie du pays, et alliée aussi avec les principales familles du Mexique, depuis son impériale origine indienne, ce qui la faisait jouir d'une puissante considération. — Je fus reçu par le docteur et ses séduisantes

(1) Le chevalier-docteur M. R. Hortegaz.
(2) De Venezuela.

demoiselles (qui gardaient encore le deuil de leur mère décédée depuis près de deux ans), d'une manière des plus fines et amicales, et je ne manquai plus de cultiver journellement leur agréable société pendant mon court séjour dans cette ville. — La famille de Don Ramon Hortegaz se composait d'un fils nommé Carlos, aîné de ses trois autres filles Maria-Eusebia, Virginia et Anita ; ces trois jeunes demoiselles, dont l'aînée pouvait avoir dans ce temps, un peu plus de treize ans, étaient de charmantes créatures, qui déjà très-précoces réunissaient, aux plus agréables physiques, une grâce admirable et une éducation parfaite : l'aînée principalement, qui n'avait guère plus de deux ans que la dernière, me produisit, dès l'instant où je la vis, une puissante impression du premier sentiment d'un pur et tendre amour qui fixa ma destinée, parce qu'elle me parut réunir tous les charmes de l'enchantement ; son teint était admirable par sa fraîcheur et son animation : ses beaux yeux noirs étaient d'une expression sans exemple ; sa jolie bouche gardait les plus belles dents possibles ; son nez, parfaitement dessiné, était mutin et son abondante et magnifique chevelure couleur d'ébène ornait sa jolie tête, ou bien quelques fois ondoyait négligemment sur ses épaules, en la couvrant jusqu'à moitié de sa taille svelte et moyenne, mais d'une élégance sans égale ; ses mains et ses pieds auraient pu servir de modèle, et toutes ses qualités physiques, jointes à une éducation des plus soignée et à un caractère gai et aimable, ainsi qu'à un grand nombre de talents agréables, la rendait des plus séduisantes ; elle parlait parfaitement le français et dansait avec une grâce attrayante ; elle était très-bonne musicienne et chantait fort agréablement en s'accompagnant du piano ou de la guitarre. — Quels moments délicieux nous avons passés en chantant ensemble un bon nombre de romances espagnoles et françaises. Ah! ce beau temps a cessé, et il ne reste plus que des regrets de sa trop courte durée!...

Je ne cesserai de le répéter, parce que j'en ai fait souvent la cruelle expérience; les moments heureux de la vie sont si passagers, comparativement avec la rapidité du terme de notre existence, qu'il nous est à peine permis de les goûter, et avec d'autant plus de raison, que ce qui produit notre charme aujourd'hui devient souvent la cause, un peu plus tard, de nos plus noirs chagrins; c'est précisément le cas présent où je me trouvais; car, après avoir passé plus de deux mois de grande félicité en compagnie de l'estimable famille de Don Ramon Hortegaz, il devenait nécessaire de m'en séparer peut-être pour toujours!

J'eus bientôt terminé mes préparatifs de voyage, et dédiai le temps qui me restait à manifester plus que jamais mon invariable tendresse à la sensible Eubita [1]. Nous n'osions parler d'amour à son âge encore trop tendre, mais nous nous jurâmes une éternelle amitié, que nous alimenterions par une correspondance régulière; et enfin, après avoir pris congé de Don Ramon Hortegaz et de toute sa sympathique famille, je m'en éloignai bien difficilement et avec le cœur fortement oppressé, pour m'embarquer à bord du navire américain *Éclipse,* qui partait ce jour pour la Havane. — Notre traversée fut courte et heureuse; au bout de sept jours, nous distinguâmes le *Morro,* qui défend l'entrée de la baie de cette grande ville, et quelques heures plus tard, nous mîmes à l'ancre dans son port; il était temps néanmoins d'arriver, car le mauvais

[1] Diminutif espagnol de Eusebia.

traitement que nous reçûmes sur ce navire commençait à affecter ma santé. — Je demeurai huit jours à la Havane dans l'attente d'une goëlette *Costera* [1], qui s'annonça pour Santiago de Cuba, et j'employai tout ce temps à visiter cette grande ville et ses environs, tels que les villes de Güanabacoa, Regla et Pinar del Rio, etc.; puis finalement je partis sur la barque espagnole *Flor de la Mar* [2], devant toucher d'abord à Batabano, Cienfuegos, Trinidad et Manzanillo. Notre navigation fut très-longue, par suite des échelles que nous avions contractées, et très-intéressante parce que nous passâmes parmi l'innombrable multitude d'ilots qui forment ce groupe titulé *Jardins de la Reine*.

Comme il était dangereux de naviguer de nuit sur les basfonds qui encombrent ces parages, nous mouillions toutes les après-midi et prenions les deux canots du bord pour aller pêcher et chasser, et dans un instant nous revenions chargés à couler bas de toutes sortes de poissons, de homards et crabes, de coquillages précieux, d'énormes tortues, d'éponges et d'oiseaux aquatiques, parmi lesquels figuraient souvent de superbes flamans qui se rencontrent enregimentés et en grand nombre sur le rivage. — Avec ce système, en peu de jours, nous avions rempli de poissons notre bâteau, lequel poisson nous préparions et faisions sécher à la mode du pays qu'on appelle *tasajo* [3]; d'énormes raies et de monstrueux requins avaient principalement produit notre cargaison, au point d'être au moment de renoncer à l'augmenter, lorsqu'une circonstance naturelle vint en suspendre totalement l'agréable distraction.

(1) Goëlette de cabotage.
(2) Fleur de la Mer.
(3) Viande coupée par bandes et séchée au soleil.

De fortes pluies et un orage encore plus fort se déclarèrent toutes les après-midi, et un jour le tonnerre tomba sur l'un de nos mâts, qu'il pulvérisa entièrement ; nous fûmes tous complètement terrifiés pendant cet évènement, qui aurait pu devenir beaucoup plus sérieux et même désastreux, car nous n'ignorions point que nous renfermions dans notre cale plus de soixante quintaux de poudre que nous avions pris à la Havane pour être remise au corps d'artillerie de la ville de Trinidad. Nous rendîmes donc grâces au ciel d'en avoir été quitte à si bon marché, et nous continuâmes notre route aussi précipitamment que possible pour déposer notre périlleuse charge et faire réparer notre mâture, qui devenait indispensable pour arriver à Santiago, après la sortie des îlots en doublant le cap Cruz.

Qu'il me soit permis de faire diversion un instant sur le cours de ce voyage, pour faire connaître la grande richesse de cette partie des côtes de l'île de Cuba avant que de m'en éloigner. Si le Gouvernement espagnol eût un peu plus de prévision et de disposition à favoriser l'industrie, cette seule partie des côtes de l'île pourrait produire, par un système de pêche bien dirigé, une richesse immense, et loin d'avoir à s'approvisionner de morues chez ses voisins du nord, il pourrait exporter annuellement une grande quantité de poissons salés d'une exquise délicatesse ; quant à moi, je n'en ai jamais tant vu, et j'en ai tellement mangé, que, depuis cette époque, j'en suis entièrement rassasié. — Nous parvînmes enfin à arriver à la Trinidad sans autre contre-temps, et après avoir déposé notre chargement et réparé nos avaries, nous suivîmes notre route et arrivâmes à Santiago un mois et demi après notre départ de la Havane, *sin novedad*. [1]

(1) Sans rien de nouveau.

V

Retour à Cuba et apprentissage d'habitant.

Aussitôt que je mis pied à terre, je m'empressai de louer une monture pour me rendre sur notre habitation *Soledad de Arroyo-Hondo*, qu'habitait notre mère et mon frère Joseph-Anacharsis, et mon désir de presser sur mon cœur ces tendres parents était tellement grand, que je fis plus de vingt-cinq lieues de mauvais chemin, en moins de six heures. J'eus la grande satisfaction, après six années d'absence, de les trouver en parfaite santé et de pouvoir laisser agir tout l'élan de mon cœur à leur prodiguer mes caresses, et à leur faire une description de mes voyages et de tout ce qui m'était arrivé pendant notre séparation. — Ah ! il existe réellement des moments de grand bonheur durant l'existence, et qui sont d'autant plus remarquables, qu'ils laissent une impression éternelle gravée en nos cœurs; ces moments seraient délicieux et même parfaits, s'ils n'étaient suivis d'amertumes, par l'idée toujours présente de leur peu de durée. Voilà la triste condition de l'existence humaine pour celui qui est particulièrement d'un caractère sensible et aimant! — Le jour de ma réunion avec ma mère et mon frère fut un des plus beaux de ma vie ; mais combien de jours et d'années n'ai-je pas eu depuis à passer loin d'eux, et combien encore m'est-il pénible d'avoir sans cesse à déplorer mon triste sort, qui exige sans terme notre lointaine séparation !

Après avoir consacré quelques jours de réjouissances comme témoignagne de notre grande satisfaction d'être réunis, il fut convenable de penser au sérieux, en visant au moyen de trouver à m'occuper, et comme mes capacités commerciales, en général, étaient infiniment moindres que celles de mon frère Joseph-Anacharsis, qui était un jeune homme rempli de talent, et surtout profond ca'culateur, il fut arrêté que je ferais mon apprentissage d'habitanage [1] pour pouvoir me faire charge, aussitôt que je serais habile, de l'administration de notre propriété, qui actuellement était sous la gouverne de mon frère, et en conséquence de cette détermination, ma mère pria Monsieur P. Casamajor de me recommander à son fils Auguste, qui possédait, en société avec son père, la nouvelle et superbe caféière nommée la *Fortunée,* pour qu'il me fasse la faveur de m'admettre à son école; or cette sollicitude ayant été acceptée, je débutai immédiatement dans ma nouvelle carrière. — Monsieur Auguste Casamajor était alors un jeune homme d'environ vint-huit ans; il était plein de vigueur et d'ambition, et comme il avait été élevé aux États-Unis, il conservait la rudesse de ce peuple, qui n'a d'autre dévotion que celle des affaires d'intérêts. Imbus de ces principes, il gouvernait ses esclaves et subordonnés d'une manière sévère et cruelle, afin d'en tirer la quintessence pour avancer les travaux de son établissement et entrer promptement en produit, et quoiqu'il eût pour moi beaucoup d'estime, je n'en étais pas moins obligé, de même que mes divers compagnons d'infortune, de faire travailler nuit et jour, par n'importe quel temps, à toutes sortes de travaux très-rudes, les disgraciés et insuffisants soixante-quinze nègres qui composaient la dotation de son habitation. Je souffrais considérablement par la grande fatigue de ma vie trop active, mais surtout parce que mon cœur était ulcéré de

[1] Terme du pays qui signifie cultivateur.

mon obligation d'être témoin et d'avoir à tolérer les continuels châtiments que les commandeurs noirs étaient chargés de leur administrer, et qui souvent occasionnaient leur mort; en un mot, il n'a rien moins fallu que ma grande constance et mon désir d'apprendre, pour que j'aie pu demeurer plusieurs mois dans ce triste et dégoûtant apprentissage, duquel j'ai toujours su mettre de côté l'ignoble barbarie, parce que je déteste l'esclavage [1] et la tyrannie.

VI

Entreprise pour établir l'habitation *Concordia*.

En sortant de la *Fortunée*, je fus prendre l'administration de notre nouvelle habitation nommée *Concorde*, que mon frère Joseph-Anacharsis avait commencé depuis peu, avec l'aide de notre ancien gérant Monsieur P. Ferret, après avoir totalement abandonné la *Soledad de Arroyo-Hondo*, en retirant les esclaves qui lui étaient attachés, pour favoriser davantage notre nouvelle entreprise. Mon frère, dès ce moment, eut la liberté d'accepter l'emploi qui lui était offert depuis longtemps chez Messieurs Duffourcq, Garay et Cie de notre ville, et successivement un peu plus tard, il devint caissier de la maison Wright Shelton et Cie, qui était alors la plus forte de notre cité. — Lorsque mon frère fut prendre son emploi, il eut soin de mener avec lui notre mère, que nous avions laissée chez un de nos voisins et compatriotes (Monsieur Alexis Prunié Junior), pour lui éviter la tristesse et les privations naturelles à notre genre d'exploitation. Je demeurai donc seul avec

[1] Si j'ai possédé des esclaves, c'est parce que je savais que le mal était irrémédiable en habitant ces pays.

Monsieur Ferret, ancien capitaine français et homme instruit et d'une grande industrie ; nous étions dans le fond d'une immense forêt montagneuse, à plus de deux lieues d'aucun endroit habité, et sans d'autre chemin de communication qu'un mauvais sentier tortueux ; nos gîtes consistaient en deux ajoupas [1] couverts en feuilles de palmistes, dont l'un était notre royale résidence, et le second, pour les vingt-deux esclaves qui nous restaient.

Pendant le jour, notre existence était passable, parce que nous nous occupions de nos divers travaux, principalement du défrichement d'un morceau de terre pour commencer promptement nos plantations ; d'autrefois aussi, à tour de rôle, l'un de nous, allait avec notre meute à la chasse des chevreuils, des sangliers et des agoutis, qui étaient très-abondants, de même que toute sorte de gibier, tel que pigeons-ramiers, pintades sauvages, perroquets, tourterelles et perdrix, et même plusieurs sortes d'oiseaux aquatiques qui montaient le courant d'une assez belle rivière qui traversait notre possession, et qui nous fournissait aussi, au moyen de nasses, une abondante quantité de poissons divers, de tortues, d'énormes écrevisses et crabes, etc. Malheureusement notre pêche éprouvait quelques fois des difficultés par la voracité du grand nombre de caïmans qui peuplaient *el Yndio* [2], et détruisaient souvent nos nasses lorsqu'elles étaient le mieux garnies ; nous pouvions joindre à ces douceurs les choux-palmistes et autres plantes légumineuses, ainsi que des fruits sauvages qui abondaient dans nos forêts, et parmi lesquels je citerai particulièrement l'orange commune, le limon, la gouyave douce et aigre, le corossole, le

(1) Cahutte en paille.
(2) Notre rivière était ainsi nommée : l'*Indienne*.

jaune d'œuf, etc. Nous trouvions aussi une grande quantité de miel d'abeilles et de cire ; nous avions des poules et des œufs, quoique nous les disputions aux oiseaux de proie et *majaes* [1], ce qui faisait que nous n'étions pas si mal sous le rapport de la nourriture, surtout en nous aidant de quelques provisions que nous faisions venir de temps en temps de la ville ; mais c'étaient les nuits qui étaient affreuses. Réduits à notre sollitude et n'entendant que le lugubre chant des hiboux et autres oiseaux nocturnes, accompagnés du hurlement des chiens sauvages, et dévorés par des nuées de maringoins, bigailles et toutes sortes d'insectes malins et de fourmis piquantes, il nous était impossible de dormir même en nous asphyxiant par la fumée que nous faisions pour tâcher de chasser ces horribles ennemis de notre repos, qui finissaient toujours par nous faire tomber dans une espèce de délire ardent qui consumait notre existence ; il nous arrivait également quelquefois, d'être subitement attaqués par des nègres marrons [2] qui cherchaient à s'alimenter de nos dépouilles ; mais au moyen de nos armes et de nos chiens, nous les repoussions promptement, et souvent même en prenions quelques-uns que nous envoyions de suite, soit à leur maître, s'ils pouvaient dans leur mauvais langage africain nous les faire connaître, ou à défaut, à l'autorité de notre quartier qui en payait la capture et se faisait charge de les remettre dans les prisons du Gouvernement.

Pour abréger, je dirai que je passai ainsi plus de vingt mois de torture, au bout du quel temps, ayant ouvert un chemin de sortie, abattu un assez bel espace de terrain et

---

[1] Sorte d'énorme serpent.
[2] Terme qui indique des esclaves qui se sont enfuis de chez leurs maîtres pour vivre indépendants dans nos vastes forêts, en s'y nourrissant des racines et fruits qu'elles produisent.

bâti une maison décente, nous commençâmes à jouir de nos produits, les moustiques diminuèrent, et nous pûmes nous distraire un peu les jours de fêtes en recevant des nouvelles et en visitant à cheval nos voisins les moins éloignés.

La situation que je viens de dépeindre est bien loin d'être engageante; cependant, qui pourrait le croire, le nègre est d'une telle résistance et d'une si grande apathie, qu'au milieu des tourments qui nous détruisaient, les nôtres goûtaient un parfait bonheur et engraissaient d'une manière étonnante, en ajoutant seulement à la nourriture que nous leur donnions, le produit de leur chasse aux caïmans et aux agoutis [1], qu'ils attrapaient en grand nombre avec des piéges.

Notre caféière continua à prospérer sous ma gouverne, et j'en avais déjà conclu les principaux établissements, tels que calloge, glacis et moulin à piler, etc., lorsque nous commençâmes à entrer en rapport; mais, ô disgrâce! ces lieux jadis si fertiles devinrent tout d'un coup d'une si grande sécheresse, que les arbres ne purent nourrir leurs fruits, et que nous ne fîmes pendant cinq années (selon le récit qui m'en a été fait depuis), que de la paille au lieu de café; cette circonstance, dès mon début dans cette partie, me dégoûta tellement, que j'abandonnai immédiatement le soin de l'habitation à Monsieur Ferret pour aller chercher ailleurs meilleure fortune.

(1) Sorte d'animal entre le singe et le rat, dont la chair est saine et délicate.

VII

Retour à la Nouvelle-Orléans. — Emploi comme capitaine du navire la Linda.

Peu de temps après, je m'embarquai pour La Havane, en passant par la côte nord de notre île, et en visitant les villes de Baracoa, Gibara et Nuevitas, avec l'intention d'y trouver promptement une occasion pour la Nouvelle-Orléans, où je désirais me rendre auprès de mon frère Louis-Anacharsis, et en effet, trois jours après mon arrivée dans cette capitale de l'île de Cuba, je pus en partir à bord du brick américain *Ocean-Queen*, capitaine Josseline. Nous eûmes un magnifique temps et arrivâmes en peu de jours à l'entrée du Mississipi, où nous fûmes accrochés par un bateau à vapeur remorqueur, qui nous fit remonter le même jour, contre vents et courants, les trente-cinq lieues du fleuve qu'il y avait du point où il nous avait pris, jusqu'à la ville. Maintenant il me reste, pour conclusion de ce voyage, à satisfaire mon désir de faire une publique manifestation de ma gratitude pour les bons soins qu'a eu pour moi l'aimable capitaine Josseline, pendant le temps que j'ai pu jouir de son agréable compagnie.

Je n'avais pas eu occasion de me faire annoncer à mon frère, et il fut agréablement surpris en me revoyant ; nous nous embrassâmes fraternellement et je m'installai chez lui en attendant que je trouvasse un emploi ; mais comme ce digne ami était toujours jaloux de m'être agréable et qu'il remarquait aussi ma grande satisfaction de revoir la Nouvelle-Orléans, loin de me procurer de suite une occupation, il m'engagea à faire une tournée dans le haut du fleuve ; or donc ses désirs toujours fort doux pour moi, ne pouvant jamais trouver d'obstacles, j'acceptai son invitation, avec l'idée de retourner promptement pour chercher très-sérieusement à m'employer ; dans ce but, je n'arrivai que jusqu'à Coving-Town et Madesson-Ville, que je visitai précipitamment pour pouvoir repartir immédiatement.

Peu de jours après mon retour, mon frère m'avait procuré une assez bonne place chez un de ses amis, commerçant en étoffes ; mais comme ce genre de travail toujours attaché à un bureau n'était nullement conforme à mes goûts et aux habitudes que j'avais contractés jusqu'ici, j'étais peu satisfait de mon poste, et j'aurais bien désiré le changer pour une vie plus active. — Sous l'influence de ces dispositions, je fus conter mes peines à un de mes bons amis d'origine espagnole, mais élevé en France (Don Pedro Gonzales), que je connaissais depuis notre départ de France en nous embarquant ensemble à bord du navire *Bon-Père,* et qui était devenu un vieux richard de cette ville, pour l'engager à m'être utile en m'aidant de sa protection. Ce brave homme me répondit affirmativement, en m'assurant que je pouvais compter sur son dévouement, et il m'est bien doux aujourd'hui de faire savoir qu'il a parfaitement accompli sa promesse. — Depuis ce jour, chaque fois que j'avais un instant a disposer, j'allais visiter mon vieil ami Don Pedro Gonzales, et nous passions souvent nos soirées à parler la riche et harmonieuse langue de Cervantes, qui m'était aussi familière que la mienne, et à lire des ouvrages curieux et instructifs, écrits dans cet idiome, ce qui rendait notre liaison de plus en plus forte.

Un jour que je lui racontai les fredaines de mon enfance et mon peu d'application à l'étude, je ne laissai pas de lui faire savoir que dès ma plus tendre jeunesse et avant de connaître les dangers de la mer que nous avions passés ensemble, que je n'avais eu d'autre goût prononcé que pour la marine, lequel avait été animé par mon oncle et parrain Henri du Bois-Halbran, qui était alors capitaine et propriétaire d'un beau navire, sur lequel je fis avec lui mon premier voyage de Bordeaux à Cadix, et qu'en conséquence de ses dispositions on m'avait fait apprendre le pilotage, et donné, parmi mes études, de bonnes notions de marine. Je lui rappelai aussi que, quoique bien jeune, je prenais hauteur tous les jours avec les officiers du *Bon-Père*, et que mes calculs se trouvaient parfaitement justes ; que je gouvernais le bâtiment chaque fois que le temps le permettait, et que j'étais continuellement grimpé à l'insu, et contre la volonté de ma mère, sur la mâture du navire. Oh ! oui, me dit-il, après m'avoir écouté attentivement, je me souviens parfaitement de ces circonstances qui me facilitent aujourd'hui le plaisir de pouvoir vous procurer une carrière avantageuse et conforme à vos goûts. —Vous n'ignorez point, continua-t-il, que je possède près de la Mobile, non loin du lac Ponchartrain, plusieurs moulins hydrauliques à scies, et un assez bon nombre de belles goëlettes pour en transporter les produits dans les Antilles. Eh bien ! dès ce jour, comme j'ai besoin d'un homme intelligent et de confiance comme vous, je vous intéresse sur mon navire *la Linda* [1], et les chargements que vous pourrez vendre en différents lieux; et vous donne en même temps le commandement dudit navire, aidé d'un second expérimenté ; et avec un peu de courage et de patience, je réponds de votre fortune.

La grande générosité de ce respectable ami me pénétra d'une vive gratitude, et, plein d'émotion, je lui en mani-

[1] La Jolie.

festai ma grande reconnaissance ; puis sans perte de temps (comme il n'était point nécessaire chez les Américains de passer par aucun examen pour être reçu capitaine), nous procédâmes à ma nomination, nous réglâmes nos conditions et je fus prendre à la Mobile le commandement de la goëlette *la Linda*, chargée de bois divers, et destinée cette fois pour Port-au-Prince d'Haïti, où je me rendis promptement et vendis parfaitement en court délai tout mon chargement, sans intervention de consignataires ni courtiers ; puis, satisfait de mon bénéfice, je m'empressai de repartir pour en rendre compte à mon généreux ami Don Pedro et le renouveler le plus tôt possible. C'est ainsi que je parvins à gagner passablement d'argent en conduisant des chargements qui nous étaient souvent commandés, soit au Cap-Français, soit dans différents ports de Cuba et Porto-Rico, ou soit enfin à Saint-Thomas et dans toutes les Antilles.

VIII

Malheurs survenus pendant cette seconde entreprise.

J'étais donc aussi heureux que possible, et avec d'autant plus de raison, que je recevais souvent des nouvelles de Eusebita [1] et de sa famille, qui conservaient toujours la meilleure place en mon cœur ; je commençais même à entrevoir l'espérance prochaine de notre rapprochement et de notre union, lorsqu'un cruel évènement vint détruire toutes mes espérances !... Un instant suffit pour que *la Linda*, chargée à couler bas et prête à partir, fut entièrement incendiée, par la négligence ou la malice d'un méchant mulâtre, qui était demeuré un moment seul gar-

(1) Diminutif espagnol d'Eusebia, égal à Eubita.

dien à bord ! — Le mal n'était pas entièrement irréparable, parce qu'il me restait assez de ressources pour pouvoir me relever ; mais un mal plus grand encore et qui était cause de mon éloignement du navire et de sa perte, c'est que mon dévoué protecteur, Don Pedro, était tombé sérieusement malade d'une foudroyante attaque d'apoplexie, qui le tenait sans connaissance, et l'emporta entre mes bras, peu de temps après que je m'étais rendu auprès de lui, sans même qu'il ait pu faire son testament, ni arranger ses moindres affaires.

IX

Retour à Cuba et achat de la vega *Constancia*.

Complètement démoralisé des malheurs qui ne cessaient de me poursuivre, je déterminai de les fuir, en retournant à Cuba pour y acheter une petite propriété en tabac ou café, avec le seul espoir d'y terminer tristement mon existence, et, bien résolu, je pris douloureusement congé de mon pauvre frère que je ne devais plus revoir, et m'embarquai avec bon nombre d'autres passagers sur la goëlette *Caridad-Cubana*[1], commandée par l'ancien capitaine négrier français Monsieur Pierre Roche ; nous sortîmes du fleuve par un très-mauvais temps, après avoir attendu vainement qu'il se rétablisse, et comme il ne fit que renforcer et que notre embarcation très-vieille fatiguait considérablement, nous nous aperçûmes bientôt que nous faisions de l'eau à grands flots et qu'il était urgent de jeter une partie de notre chargement à la mer, pendant que les passagers, petits et grands, mâles et femelles, joints à l'équipage, ferions jouer la pompe et les seaux nuit et

(1) Charité cubaine.

jour, jusqu'à ce que nous puissions aborder une côte. Dans cet état de fatigue et d'imminent danger, que comme marin j'ai pu supporter avec plus de courage que mes compagnons de voyage, nous eûmes le bonheur, après huit jours d'agonie, d'atteindre plus morts que vifs le port de Baracoa, où nous fûmes avec intention nous échouer sur le sable. — Le reste de notre chargement, qui consistait particulièrement en oignons et pommes de terre, qui n'avaient cessé de nous embaumer pendant la traversée, fut trouvé entièrement pourri et jeté également à la mer ; puis immédiatement après nous être radoubés, nous continuâmes notre route sur lest, jusqu'au lieu de notre destination. — Je revis encore avec une grande joie notre mère et mon frère ; mais, malheureusement, ma mère ne jouissait plus d'une bonne santé, et il devenait même nécessaire qu'elle fît un voyage en Europe pour favoriser son rétablissement, ce qui se réalisa peu de temps après mon arrivée.

Je conservais toujours mon plan d'acquérir un petit ermitage dans notre île pour y vivre en paix, et aussitôt que ma mère fut partie, je me mis à parcourir nos champs, jusqu'à ce que je vins à trouver une gentille *vega*[1], située dans le quartier de Moron, et non bien éloignée de Santiago ; je m'en fis livrer possession en bonne forme le plus tôt possible, j'achetai une douzaine de beaux esclaves, des chevaux, des mulets, etc., et je fus y établir mes pénates. — Il n'y avait pas bien longtemps que je m'étais assez bien installé sur ma jolie vega et caféière en même temps, lorsque je reçus une lettre du respectable Don Ramon Hortegaz, accompagnée d'une autre de la constante Eubita, par laquelle il m'annonçait son intention de laisser son fils Carlos gardien de sa maison et de ses intérêts pour

(1) Plantation de tabac.

venir prochainement faire une tournée à Cuba avec ses trois demoiselles, afin, disait-il, de chercher un peu de tranquillité qui n'existait plus dans son pays, redevenu théâtre de révolutions continuellement suscitées par quelques ambitieux, et parce qu'aussi sa fille ainée, qui lui avait été demandée plusieurs fois en mariage, et nouvellement encore par un haut et puissant personnage du pays (qu'il avait été obligé de refuser parce que Eubita ne se sentait aucune inclination à changer de situation), lui avait aussi attiré la haine de cet homme, vexé de ce qu'il appelait mépris, et qui menaçait ouvertement de s'en venger. Cette communication me fit frémir; je m'empressai donc d'écrire à Don Ramon et à la tendre Eusebita de ne plus tarder un instant à venir chez moi, où je me mettais à leur disposition et les assurais en même temps qu'ils trouveraient dans cette belle contrée à s'établir à leur entière satisfaction.

Ma lettre leur parvint précisément au moment où le courroucé prétendant de Eusebita venait de se mettre à la tête d'une conspiration qui pouvait occasionner bien des chagrins, et peut-être aussi la totale ruine de Don Ramon, et dès lors il comprit qu'il était urgent qu'il mît ordre à ses affaires pour se réfugier à Santiago, auprès d'un bon ami ; il me fit donc savoir que j'eusse à lui procurer une maison toute meublée, parce qu'il allait s'embarquer très-prochainement sur le paquebot qui faisait régulièrement les voyages de Maracaïbo à la Havane, et continuer jusqu'ici par les bateaux de nos côtes. — J'attendais ces dignes amis avec une vive impatience, et après avoir accompli les ordres de Don Ramon, j'avais presque établi depuis plus de deux mois ma demeure dans sa maison en ville, pour être toujours prêt à les recevoir, lorsque enfin cet heureux jour, et l'un des plus beaux de ma vie, arriva resplendissant de lumière, d'allégresse et de précieux parfums ; je me précipitai immédiatement dans une embarcation que j'avais choisie à l'avance, et aidé d'un doux zéphir et de quatre bons rameurs, je pus bientôt me joindre à ces sincères amis et les presser sur mon cœur, tout en recevant leurs embrassements.

X

Arrivée à Santiago de Don Ramon Hortegaz avec sa famille.
Mon mariage avec sa demoiselle Maria Eusebia.

Oh ! combien je regrette en cet instant d'être privé du précieux art de l'éloquence pour pouvoir rendre hommage à la beauté ; combien j'éprouverais de satisfaction à présenter avec exactitude et d'une manière claire et pénétrante les délicieuses impressions de mon cœur, lorsque je revis Eusebita éblouissante d'attraits et à un âge des plus intéressants ; et combien enfin j'aimerais à savoir dépeindre convenablement tout ce qu'avait embelli son précieux physique, et que sa taille devenue plus haute et son embonpoint régulier, formaient en elle une perfection divine. Tant de grâces réunies à une entrainante amabilité achevèrent de m'enivrer d'amour, et dès cet instant ma vie devint la sienne, en s'identifiant totalement à son existence par une entière unité ! — Ses deux sœurs Virginia et Anita étaient devenues également d'attrayantes créatures.

J'avais fait venir une voiture et je conduisis de suite mes nouveaux hôtes à leur demeure, sans cesser d'habiter avec eux ; mais après quelques jours de joie et de repos, il devenait indispensable que je retournasse sur ma vega, ce que je ne pouvais me décider à effectuer qu'après avoir demandé à Don Ramon la main de son aimable fille ; ainsi, malgré la timidité qu'inspire un amour passionné, je me décidai, d'accord avec Eubita, à achever de lui déclarer mes sentiments pour sa demoiselle, en y joignant ceux de mon profond respect pour sa personne, et ce respectable ami, ayant mis le comble à ma félicité en admettant avec satisfaction ma prière, je partis promptement pour aller faire les préparatifs de mon mariage. — Je fis d'abord remanier ma maison qui déjà était fort agréable, j'augmentai considérablement mes meubles et j'acquis particulièrement un bon piano et d'excellents domestiques ; je fis faire un charmant jardin autour de la maison, que j'eus soin de faire planter en jolies fleurs de toutes espèces, et quand tout fut terminé, je fus chercher ma fiancée et sa famille pour célébrer notre mariage *sans pompes,* dans la paroisse où était située mon habitation et à laquelle je m'étais fait domicilier.

Ma femme était alors dans sa vingt et unième année et moi j'en avais vingt-neuf. L'heureux jour qui devait nous lier vint enfin couronner nos constants désirs, et dès ce moment nous vécûmes toujours heureux et sans le moindre trouble pendant trente années, que seulement l'impitoyable mort a pu changer et détruire, pour me plonger pour toujours dans le deuil ! — Nos premiers enfants naquirent sur ma propriété *la Constancia* [1], quartier de Moron, et y furent baptisés. Ma femme était d'une fécondité remarquable ; car, dans l'espace de sept ans, nous eûmes d'abord six filles que nous appelâmes, la première *Altagracia* [2] (devenue plus tard l'épouse d'un riche propriétaire de Santiago et de Baracoa), et les suivantes,

(1) La Constance.
(2) Haute-Grâce, nom espagnol.

Ana-Petronila, Concepcion-Leonarda, Doloritas, Merceditas et Carmita [1], lesquelles, à l'exception d'Altagracia et de Concepcion, moururent encore très-jeunes.

XI

Évènements survenus sur ma vega *Constancia*.

Il y avait déjà plus de douze ans que nous jouissions de cette indépendante vie champêtre, qui m'avait permis de ramasser quelque argent que j'avais su employer en achats de bonnes maisons dans notre ville, lorsqu'elle fut assaillie en même temps que notre quartier par une épouvantable épidémie de choléra; je voulus en éloigner ma famille en la transportant sur nos hautes montagnes; mais ma femme comptant sur la miséricorde de Dieu et reconnaissant aussi la nécessité de notre présence pour pouvoir soigner nos esclaves, s'y opposa courageusement. Déjà presque tous nos voisins avaient désertés ou péris, et nous seuls demeurions sains et saufs (ce qui nous faisait espérer d'en être quitte pour la peur), lorsque le mal passa chez nous, et m'enleva d'abord mon gérant dès le premier jour et sept de mes meilleurs esclaves; puis successivement, en fort peu de temps, huit autres sur les vingt que je possédais ; cette perte fut bien grande et bien sensible pour moi, quoique je la supportasse avec résignation, en songeant que ma famille et moi avions tous été préservés de ce grand fléau, et je visais même pendant cette entrefaite au moyen de sauver ma récolte, en me procurant des travailleurs libres pour détruire la chenille qui la dévorait, quand le choléra se renouvela fortement tout d'un coup, accompagné d'un

(1) Diminutifs en Espagnol de Douleur, Merced et Carme.

horrible tremblement de terre qui détruisit mes établissements et mes meubles, ainsi qu'une partie de mes animaux, et qui m'obligea à fuir précipitamment en ville avec toute ma famille, admirant de plus en plus la Providence qui avait bien voulu nous sauver miraculeusement de tant de périls !

XII

Mon emploi chez Monsieur Santiago Wright.

Je me croyais de nouveau totalement ruiné, parce que la ville de Santiago avait été presque entièrement détruite; mais quel fut mon étonnement lorsque je fus visiter les huit maisons que j'y avais acheté ou fait bâtir, de les trouver en parfait état, et de n'avoir eu à dépenser pour tous frais que trente piastres de réparations !... J'en bénis le ciel, parce qu'il me fut facile de continuer à vivre à mon aise du produit de leurs loyers qui avaient considérablement augmentés; néanmoins, comme cela ne pouvait durer et que cet évènement avait paralysé la vente des maisons, il fallait que je cherchasse encore à entreprendre quelque chose ; j'eus l'heureuse idée d'aller visiter Monsieur Santiago Wright sur son habitation *la Sofie,* avec une lettre de recommandation de mon frère Joseph-Anacharsis (qui était caissier de sa maison de commerce depuis fort longtemps), pour lui offrir mes services comme administrateur de ses propriétés. Ce *gentleman* [1] me reçut avec beaucoup d'égards, et accepta mon offre en qualité d'administrateur de toutes ses habitations et secrétaire particulier, m'offrant pour commencer 2,000

(1) Chevalier.

piastres par an et sa table, laquelle je puis assurer était des mieux servies et des plus exquises ; je fis part de suite de cette bonne nouvelle à ma femme, et après lui avoir livré le soin de nos intérêts en ville, je fus prendre possession de mon nouveau poste. Je sus captiver l'amitié et la confiance de Monsieur Santiago Wright, qui était un homme très-généreux. Au bout de peu de temps, il augmenta mes appointements, il me fit de beaux présents, et me permit de cette sorte de réunir en peu d'années une assez jolie somme.

Pendant que je m'employais de cette manière, notre vieux gérant Monsieur Ferret étant mort, mon frère sortit de la maison Wright pour aller gouverner notre caféière *la Concorde ;* mais quelque temps après, peu habitué à cette vie solitaire de nos campagnes, il se décida à vendre cette habitation peu productive à un docteur catalan nommé Don José Grimany, et à partir pour la Nouvelle-Orléans avec une partie de son produit livré au comptant, pour y travailler dans le commerce ; mais il ne fut pas fortuné ; une spéculation qu'il entreprit pour Tampico dévora son capital, et il fut obligé de revenir à Cuba pour y reprendre la culture sur un meilleur terrain que celui de notre première caféière. De retour ici, il acheva les recouvrements de ce qui restait dû sur la vente de *la Concorde,* et avec ce produit, il établit en société, avec Monsieur Théodore Moracin, une bonne *propriété* sur la montagne du Taurus, quartier de Sainte-Catherine, à laquelle il donna le nom de *Romanie,* en mémoire de ce qu'en famille nous nous étions habitués à lui donner le surnom de Romain.

XIII

Entreprise commerciale.

Il y avait déjà plusieurs années que j'étais à merveille chez Monsieur Wright, quand cet honorable négociant fut dans la nécessité d'aller se remettre à la tête des affaires de sa maison par suite de la mort d'un de ses associés qui en était chargé. Cet évènement me fut sensible, et je ne pus lui en cacher ma douleur ; mais comme il m'était aussi sincèrement attaché, il me proposa de descendre en ville avec lui pour m'y établir dans le commerce sous sa protection, en me passant, pour commencer, la fourniture de tous les habitants qui lui consignaient leurs denrées. Je dus accepter son offre et lui présenter aussitôt un de mes amis (Monsieur Joseph Corbin), pour me remplacer dans l'administration de ses grandes plantations. Me voici donc en un instant devenu commerçant, et quoique mon capital fût assez faible, étant bien appuyé par la maison Wright, je pus installer mes bureaux promptement et entreprendre d'assez grandes affaires, qui vinrent à augmenter de telle sorte, que je me trouvai dans la nécessité d'engager mon frère Joseph de vendre la part de son habitation à son associé pour joindre son capital au mien, et former une association sous la raison Halbran frères.

Mon frère accepta mon offre, et peu de temps après, avec son aide et sa grande intelligence en affaires commerciales, notre maison prit un accroissement qui nous attirait la jalousie de tous nos confrères. — Nous fournissions et recevions en consignation les produits de presque tous les planteurs ; nous recevions aussi des consignations étrangères; nous achetions de nombreux chargements de provisions et faisions venir de grandes factures d'articles divers, etc. ; en un mot, nous gagnions beaucoup d'argent, mais dont la majeure partie nous était dû, quant tout à coup une crise commerciale générale dans notre île se présente dans notre ville ainsi que dans les principales du pays avec lesquelles nous étions en relations, et nous fait perdre, en moins de deux mois, plus de 150,000 piastres. Il y avait encore de quoi être entièrement démoralisé et en perdre la tête ; mais néanmoins nous supportâmes courageusement ce funeste coup. Nous nous mîmes en liquidation et nous réglâmes nos affaires en dépit des mauvaises chicanes suscitées par nos ennemis, qui étaient protégés par la corruption des tribunaux espagnols, et après avoir payé plus de 20,000 piastres de frais de justice et soldé tous nos comptes, nous nous retirâmes glorieux, mais seulement avec 14,000 piastres.

Il y a des destinées bien curieuses et malheureuses en même temps : la mienne est de ce nombre, car je n'ai jamais pu jouir longtemps du bien que j'ai gagné ; je n'ai jamais pu, comme tant d'autres, tirer bon parti ni en petit ni en grand de ce que j'ai pu acquérir. Des évènements extraordinaires sont toujours survenus pour me faire retomber dans la détresse, comme va le prouver la continuation de cette histoire.

Monsieur Wright, qui n'aurait jamais cessé de m'être utile, était parti pour les États-Unis pendant la grande débâcle qui eut lieu dans notre ville, et il y était mort peu de temps après son arrivée ; la majeure partie de mes anciens et meilleurs amis étaient également absents ou morts, et si je n'avais pas eu de la famille, je me serais trouvé complètement isolé.

XIV

Entreprise d'exploitation de mines; son mauvais résultat.

Mon frère, sans autant d'obligations que moi et d'un caractère beaucoup plus entreprenant, avait employé ses 7,000 piastres en entreprises de mines de cuivre, qui faisaient fureur à cette époque, et il finit par m'engager à entrer dans ce genre de spéculation ; nous avions acheté des actions de la mine *Candelaria,* qui était située à côté de celle de *San-José,* réputée la plus riche du renommé village *El Cobre* [1]; nous étions intéressés sur les mines de Zacatecas, et nous avions dénoncés les mines *Union de l'Amitié,* desquelles j'étais directeur, et qui ont produit le plus riche minéral connu, de même que d'énormes morceaux d'un superbe cuivre natif et rouge qui se trouvaient incrustés dans du beau marbre rouge jaspé de blanc, et desquels il existe en parfaite nature un *bien bel* échantillon que j'ai fourni au Musée de Bordeaux, à mon avant-dernier voyage en France, avec les informations des noms de la mine et ses dépendances, et celui des propriétaires. — Ces entreprises, faute d'assez de fonds et de bonne gouverne, nous firent perdre de l'argent, et nous fûmes fort heureux d'avoir pu vendre nos diverses actions à grande perte.

XV

Premier voyage en France.

Notre mère, qui était partie pour France et qui y avait rétabli sa santé, ne pouvant demeurer plus longtemps

[1] Le Cuivre, petite ville où se trouvent les meilleures mines du dépatetement de Santiago.

sans nous voir, revint à Cuba ; je ne pus encore jouir longtemps de sa présence, parce que les contrariétés que j'avais éprouvées, les grandes fatigues et fortes chutes que j'avais reçu durant mon emploi de mineur et ma vie d'être continuellement fourré à d'immenses profondeurs sous terre dans les galeries et puits humides de nos mines, avaient considérablement altéré ma santé, ce qui fut cause que je fis une violente maladie, qui, aidée ou maintenue par les médecins, me conduisit bientôt aux portes du tombeau. Je ne pouvais plus me rétablir sous notre brûlant climat; on m'avait ôté tout mon sang et fait prendre trop de sulfate de quinquina et de calomel, et il fut reconnu qu'il était indispensable que je fusse le refaire en Europe ; je ne tardai donc point à partir pour Bordeaux, à bord du navire *Cubano*, capitaine Redheuil, d'où un peu plus tard, ayant recouvré mes forces, je fus à Paris et parcourus toute la France et une bonne partie de l'Espagne, en arrivant jusqu'à Madrid.

Durant ma tournée en France, j'y ai trouvé plusieurs parents très-haut placés que je n'avais jamais connus et qui m'ont fait un accueil des plus aimables. J'employai en tout, dans cette promenade depuis mon départ de Cuba jusqu'à mon retour, deux ans et demi, au bout duquel temps je revins gros et gaillard, sans m'être servi d'aucun médecin. Je trouvai ma famille bien portante, moins ma mère dont la santé était redevenue très-mauvaise, et avec d'autant plus de motifs, qu'elle était extrêmement affectée par la perte de son fils aîné qui venait de lui être annoncée, et comme nous jugeâmes que ce climat lui devenait funeste, nous déterminâmes de la renvoyer en France, où elle existe encore jusqu'à ce jour, quoique âgée de plus de quatre-vingt-treize ans.

Peu d'années après mon retour de France, j'avais encore cinq enfants de plus : deux garçons, dont l'aîné s'appelle Enrique-Tiburcio[1] et le second Luis-Ana ; plus les trois filles qui suivent : Juana-Bautista-Hersilia, Leticia-Estefania et Maria-Elisa. J'en parlerai plus tard en continuant cette histoire.

Pendant mon séjour en France, mon beau-père Don Ramon Hortegaz (qui avait toujours conservé l'amour de son pays natal), reçut une lettre de mon beau-frère Carlos, par laquelle il lui annonçait que la tranquillité avait reparu à Maracaïbo, et que tout y marchant à merveille, il l'engageait à retourner auprès de lui. Satisfait de cet avis, il ne tarda pas à partir avec ses deux demoiselles, Virginia et Anita, qu'il me participe avoir mariées très-avantageusement peu de temps après son arrivée. Je continue à recevoir souvent des nouvelles de ces bons amis.

Mon frère avait repris sa place dans la maison Wright; mais comme la Havane offrait des chances beaucoup plus avantageuses pour un homme aussi habile que lui, que notre ville — en partie ruinée par suite de sa dernière crise commerciale, il se décida à y passer, et plus tard à Matanzas, et ensuite à Cárdenas, où il réside encore en qualité de commerçant.

XVI

Achat de la stance *Delicias*.

Mon frère, en se séparant de moi, me laissa tout le peu d'argent qui lui restait pour que je l'employasse de mon mieux en société avec lui, parce qu'il s'était pénétré de son peu de bonne réussite dans ses entreprises, et avec cette

[1] Henri-Tiburce.

— 48 —

petite somme réunie à mon faible avoir, je pus faire l'achat d'une charmante *estancia* [1], située près de la mer, dans le quartier de Sevilla, juridiction du Caney, et à deux lieues et demie de Santiago. Cette propriété était remplie de cocotiers et autres arbres fruitiers, et avait aussi de très-jolis établissements, principalement sa maison de maître, qui était magnifique et spacieuse ; j'achevai en peu de temps avec des hommes que je pris à loyer, de la mettre en parfait état et d'y faire de larges plantations d'herbes de guinée, cannes à sucre, bananiers, manioc amer et doux, patates, etc., et ensuite j'achetai un bon nombre de bêtes à cornes, telles que vaches, moutons et cabrits ; plus des chevaux et bourriques, que je lâchai dans mes prairies pour y croître et multiplier.

J'avais conservé les cinq esclaves que le choléra avait épargné sur ma vega *la Constancia,* et je les avais conduits sur ma stance *las Delicias* [2], avec six autres et un asiatique que je venais d'acheter. Ma bonne et sensible Eusebita voulut aussi m'accompagner et m'aider dans mes travaux, et dès lors nous nous trouvâmes tous réunis.

Nous passâmes ainsi un bon nombre d'années de notre meilleure existence, tout en augmentant beaucoup ma petite fortune des produits de mon bétail, de laitages, de mes ventes de cannes à sucre et de leur sirop, de cocos et autres fruits, de bois divers et de charbon, et enfin de *casave* [3]. Nous possédions sur notre bien toutes sortes de commodités utiles et agréables, comme un délicieux jardin d'agrément et potager, une abondante quantité de cochons, de poules, dindes, pintades domestiques et sauvages, ca-

---

[1] Sorte de bien d'agrément et de produit près des villes.
[2] Les Délices.
[3] Sorte de gâteaux de farine de manioc très-estimé.

nards, pigeons, etc., et notre proximité de la mer et du village de notre paroisse qui touchait à mes terres, nous permettaient de jouir à la fois de tous les agréments de la campagne et de la ville. J'avais de bons chevaux et une excellente voiture, et comme nous étions situés au pied des hautes montagnes de la Sierra-Maestra, il nous était très-facile en un instant de passer de chez nous chez nos voisins et amis, pour changer de température et trouver des régions fraîches, où nous allions manger de bons artichauts et des fraises, tout en contemplant de notre grande élévation, et aussi loin que notre vue pouvait s'étendre, la grande étendue de notre île, le vaste océan, et même, quand le temps était clair, les côtes de Saint-Domingue et de la Jamaïque, que je n'imaginais pas alors devoir un jour me devenir si funestes. Enfin, nous jouissions également de la chasse et de la pêche qui étaient très-abondantes dans nos parages ; mais ce qu'il y avait de plus souriant, c'est que j'augmentais chaque année mes revenus des produits de ma stance et des loyers de mes maisons, que j'accumulais ensemble, à l'intérêt de 12 pour 100 par an, chez Messieurs Ducourau et Cie.

Cette position sans le moindre trouble ne pouvait durer; elle était trop belle pour ma destinée ; — je commençai d'abord par éprouver des chagrins suscités par un mauvais et jaloux voisin, qui avait acquis la stance qui me touchait dans la partie est, et comme j'avais eu à lutter contre lui dans cette affaire, parce qu'il m'eût aussi infiniment convenu d'en faire l'acquisition, il me conservait rancune, et en sa qualité d'homme très-ordinaire et grossier, il employait chaque jour toutes sortes de moyens ignobles pour tâcher de me nuire et me dégoûter. Pour parvenir plus promptement à son but, il brisait mes entourages, afin que mes animaux passassent chez lui, après s'être entendu d'avance avec son ami et compatriote catalan, qui était notre capitaine de quartier, pour me faire citer à son tribunal, où j'étais toujours condamné sans miséricorde à payer les frais de procédures, toutes sortes de dommages et la capture de mes animaux. — Fatigué de cette persécution qui m'était très-onéreuse. j'établis des gardiens entre notre entourage de division pour le surveiller nuit et jour, et le réparer en même temps ; mais qu'en survint-il ? qu'il y mit le feu et que tout l'entourage fut consumé, ainsi qu'une belle maison de mon parc à vaches.

J'étais désespéré, et j'étais sur le point d'aller porter mes plaintes à notre Gouverneur, lorsque ce méprisable homme eut l'impudence de m'attaquer judiciairement comme incendiaire. Cette conduite outrageante m'indigna tellement, que je résolus de provoquer ce misérable en duel, et, pour ne point me compromettre, je fus l'attendre tous les jours, avec constance, muni de deux pistolets, dans un chemin peu fréquenté, où il avait coutume de passer ; et lorsque j'eus la satisfaction de le rencontrer, je le traitai sous l'influence de mon exaspération, comme il le méritait, en le menaçant de lui donner une volée de coups de bâton s'il n'acceptait pas de se battre avec moi, après avoir fait choix d'un de mes pistolets. Ce vil et infâme manant chercha à s'excuser, et refusa entièrement de me donner satisfaction ; en conséquence de quoi, je l'assommai de coups de canne, et ne me décidai à l'abandonner que de crainte d'être surpris par les voisins, qui, indispensablement, devaient être attirés par ses hurlements.

Depuis cette circonstance qui soulagea un peu mon cœur, je me résignai à suivre l'injuste procès qu'il put maintenir pendant plus de quinze mois, grâce à son or et à son influence de joueur, qui le liait étroitement avec tous nos avocats et juges lettrés ; et finalement, malgré sa protection, après qu'il eut perdu ici et en avoir appelé au tribunal suprême de Puerto-Principe, où je me rendis pour activer la conclusion, la sentence déclara très-injustement pour moi que, comme il n'y avait pas lieu à plaider sans pouvoir fournir des preuves, nous étions obligés de payer chacun la moitié des frais que nous avions occasionnés, et qui s'élevaient, pour ma part, à 1,200 et quelques piastres. J'eus donc de suite à m'exécuter et à supporter les impertinences qu'il n'avait cessé de m'adresser dans ses écrits au tribunal pour mortifier lâchement mon amour-propre, et que je n'avais pu arrêter, qu'après avoir présenté audit tribunal le document dont copie continue ci-dessous :

CONSULAT DE FRANCE A SANTIAGO DE CUBA

Nous, Consul de France à Santiago de Cuba, certifions qu'il résulte des documents authentiques qui nous ont été présentés que le sieur du Bois-Halbran (Barthélemy-Henri-Anacharsis), propriétaire, demeurant sur sa stance appelée *Delicias*, située au cuarton de Damajayabo, partido del Caney, juridiction de Santiago de Cuba, est né le 18 février 1810, à Bordeaux, département de la Gironde (France), et qu'il est fils légitime du chevalier Barthélemy du Bois-Halbran, décoré du lis, et héritier, par droit d'aînesse, du nom et des armes de la maison du Bois-Halbran, comtes et vicomtes de Beauvais et de Beauchesne, seigneurs du Bois-Halbran, de Drouges, de Remungol, etc., en Bretagne (France).

En foi de quoi nous lui avons délivré le présent pour lui servir et valoir ce que de droit.

Santiago de Cuba, le 27 décembre 1865.

CONSULAT DE FRANCE
à Santiago de Cuba.

Le Consul de France,
V^{tor} GUILLOUET.

Finalement la paix reparut, mon voisin contraire devint plus calme, et après que j'eus réparé tous les dégâts qu'il m'avait occasionné, nous continuâmes à vivre tranquilles et à reprendre nos anciennes habitudes ; mais comme mes cinq derniers enfants, qui étaient presque tous nés à *las Delicias*, commençaient à devenir grands, et que pour ce motif il était convenable de les mettre en pension, nous prîmes la détermination d'aller demeurer en ville pendant l'hiver et d'habiter *las Delicias,* pendant les fortes chaleurs de l'été ; je mis donc un homme de confiance à ma place (qu'il m'était facile de visiter à chaque instant), et nous fûmes prendre possession d'une de mes maisons que j'avais fait parfaitement préparer pour nous recevoir.

Notre nouvelle vie était devenue encore plus agréable, parce que nous étions moins isolés, et que mes filles aînées, qui étaient musiciennes et chantaient passablement, attiraient leurs amis artistes qui nous faisaient passer des soirées délicieuses. J'allais également visiter mon frère tous les ans à la Havane ou à Matanzas, et c'est ainsi que, pendant plusieurs années, il me fut permis de me bercer du doux espoir de continuer et terminer ma carrière, et de laisser une honnête aisance à ma famille. Ma mauvaise étoile en avait décidé autrement !

XVII

Insurrection cubaine. — Destruction de la stance *Delicias*.

Les créoles de Cuba, indignés du peu de protection que leur accordait le Gouvernement de la métropole, qui n'offrait tous les emplois de l'île qu'à ses protégés européens, presque toujours peu dignes de les exercer, et fatigués des fortes et énormes contributions et vexations qu'on faisait peser sur eux de plus en plus, essayèrent souvent de se révolter, et finirent enfin par former une conspiration armée presque générale dans toute l'île, qui est déjà la cause de l'entière destruction de la partie orientale, où malheureusement j'étais établi. Pendant son principe, j'espérais que les choses s'arrangeraient promptement et que les partis demeureraient d'accord amicalement; mais temps perdu. Depuis déjà sept ans que la querelle dure, les esprits des deux côtés se sont animés d'une haine implacable, qui ne permet plus d'accommodement. En effet, les atrocités, les assassinats et viols, les vols et incendies commis de part et d'autre doivent séparer pour toujours les Cubains des Espagnols!

Depuis déjà assez longtemps nous ressentions les effets de cette triste guerre qui nous tenait dans un état continuel d'alarme et de crainte pour la conservation de nos jours, et nous privait aussi de tous les produits de la campagne qui était envahie par les insurgés, lorsqu'ils eurent la funeste idée, pour me combler de malheur, de venir sur ma stance *Delicias,* pendant que j'y étais venu passer les chaleurs avec ma famille, pour y incendier tous les établissements, s'emparer de tous mes animaux et des nègres, et enfin de tout ce qu'ils pourraient y trouver. Nous fûmes même très-heureux d'avoir pu nous sauver à pied et moitié vêtus, prévenus un peu d'avance par un des insurgés qui avait pour moi beaucoup d'amitié, parce que nous étions d'anciennes connaissances et longtemps voisins, et qu'il n'ignorait point que, comme étranger, je n'avais jamais épousé aucun parti. Me voilà donc encore tout d'un coup à peu près sur le pavé, puisqu'il ne me restait plus que mes maisons chargées d'impôts, et peu productives, par cause de la grande émigration du pays, puis quelque argent chez Messieurs Ducoureau et Cie, que je ne pus conserver longtemps, parce que cette maison sut profiter de la circonstance de notre révolution pour faire en peu de temps une seconde et désastreuse faillite, qui a fait tout perdre et entièrement ruiné la majeure partie de ses créanciers.

XVIII

Mort de mon épouse.

La vie dans notre ville était devenue extrêmement chère, et mes ressources étaient insuffisantes pour faire face à nos plus indispensables besoins. Ma pauvre femme, qui avait toujours vécu dans l'aisance, s'en affecta ; elle devint sérieusement malade, et j'eus en peu de jours, ô grand Dieu! l'immense et éternelle douleur de la perdre!!!

Dieu tout-puissant de perfection et de bonté, maitre souverain du monde et de l'éternité ; Dieu miséricordieux qui m'avez permis de naitre et exister jusqu'à ce jour, puisque dans votre sagesse vous avez jugé convenable de me faire passer sur cette terre par tant d'épreuves cruelles-ah ! au moins ayez pitié de moi, en me donnant le courage de les supporter, et si, contre le jugement que je puis faire de ma bonne conduite à l'aide de la réflexion que vous m'avez donnée, je ne mérite pas votre indulgence, veuillez, par miséricorde, m'accorder la faveur de cesser de vivre !

La mort de ma chère compagne, qui fut un modèle de vertu comme bonne fille, fidèle épouse et tendre mère, me fut si sensible et produisit en mon être une si forte révolution, que, dès ce moment, ma santé devint extrêmement mauvaise et sans espoir de rétablissement. Je fus violemment attaqué d'une gastrite qui est devenue très-chronique et me fait souffrir continuellement ; fréquemment aussi je fais de fortes maladies, et le poids de mes années joint à mes infirmités, me prouvent qu'il ne peut me rester que peu de temps à vivre !

Mettons un lugubre voile sur cette affreuse peinture afin que je puisse conserver la force de terminer ces récits.

XIX
Voyages à Cárdenas et à la Jamaïque.

Quelque temps après la mort de mon infortunée épouse, mes nègres s'échappèrent de l'insurrection et se rendirent auprès de moi, moins un qui a disparu pour toujours ; mais comme pendant notre moment de terreur les maisons et les esclaves étaient devenus de nulle valeur, je ne pouvais en tirer aucun parti. Ces raisons m'engagèrent à faire part à mon frère de ma triste situation, et de mes intentions de lui expédier mes susdits esclaves pour partir aussitôt après pour la Martinique ; mais mon frère s'opposa à cette dernière disposition en m'engageant à aller le rejoindre avec ma famille à Cárdenas. Pour lui être agréable, je procédai à la réalisation de mes maisons, et après en avoir fait un sacrifice, de même que de mes meubles et de tout ce que je pouvais posséder, je fus me joindre à lui, avec l'espoir de trouver facilement à travailler aux environs de Cárdenas. Aussitôt que j'y arrivai, j'y installai passablement ma famille ; mais, au bout de neuf mois de résidence, ayant reconnu l'impossibilité de pouvoir m'y établir, parce que tout y était fort cher et que l'insurrection affectait le crédit aussi bien qu'un mauvais papier que le Gouvernement espagnol permettait de circuler, je renonçai entièrement à mon plan et formai le projet de passer à la Jamaïque, de laquelle on me parlait avantageusement. Je vins d'abord y faire un voyage, muni de lettres de notre consul français, Monsieur P. Cavelier de Cuverville, et d'un de mes amis, commerçant de Santiago de Cuba, pour un des riches négociants de Kingstown, Monsieur Arnold-Louis Malabre, qui me reçut avec égard et bonté, et après avoir parcouru toute l'île, pendant le peu de temps que j'y demeurai et avoir reconnu qu'elle était assez généralement fertile, puis enfin m'être informé avec autant d'exactitude que possible de tout ce qui pouvait m'y intéresser, je retournai à Cárdenas pour aller chercher ma famille. Mon voyage fut long, parce que nous fûmes abordés en sortant de Nuevitas par un énorme bateau à vapeur qui nous fracassa et nous mit en grand danger de périr.

A mon arrivée à Cárdenas, j'y trouvai une de mes filles attaquée d'une violente maladie qui l'enleva dans l'espace de deux mois ; cet évènement et la triste vente que j'eus à faire de mon mobilier retardèrent mon voyage.

Enfin parut le jour où, avec grand regret, j'abandonnai l'île de Cuba que j'habitais depuis si longtemps (et probablement pour toujours), passant par sa côte sud et touchant dans les ports de Cienfuegos, Trinidad, Santa-Cruz et Manzanillo, pour arriver à Santiago, où je devais passer quelques jours en attendant le bateau français qui devait me conduire à Kingstown. — Avant que de m'en séparer, je suspendrai un moment mon récit pour donner une petite description de ce beau pays.

XX

Légère description de l'île de Cuba.

L'ile de Cuba est véritablement bien réputée reine des Antilles; son étendue est très-grande et suffisante pour pouvoir former un beau royaume; sa situation topographique est des plus intéressantes comme sentinelle de l'entrée du canal du golfe du Mexique ; son sol est encore couvert d'immenses forêts qui renferment toutes sortes de richesses en plantes admirables et utiles, des coquillages et productions marines fort curieuses qui existent encore pétrifiées jusque sur le sommet de ses plus hautes montagnes ; en jolis oiseaux et minéraux de toute espèce, principalement de cuivre ; elle produit une immense quantité de bois précieux et totalement incorruptibles, propres pour tous les travaux et la teinture, notamment l'acajou, le cèdre rouge, le fustet ou bois jaune, le campêche, le gayac, etc. Ses terrains sont généralement beaux, fertiles et abondamment arrosés par une multitude de rivières qui débouchent au nord et sud de ses côtes, et parmi lesquelles plusieurs sont navigables à de grandes distances ; les principales sont les suivantes : Sagua la Grande, Sagua la Chica, Sagua de Tánamo, el Tóa, el Cauto, el Sesa, el Agabáma, el Jatibonico, el Yateras y el Cuyagüatejes ; elle est ornée dans sa longueur orientale de superbes montagnes, telles que la Sierra-Maestra, le Turquino et les montagnes de Moa, dans la juridiction de Baracoa, dont quelques-unes s'élèvent à plus de 2,894 vares au-dessus du niveau de la mer, et sur lesquelles il règne un printemps délicieux et éternel. Sa partie occidentale est presque généralement plate; ses côtes sont riches en magnifiques ports et baies, dont les principaux sont ceux de la Havane, de Nipes, de Cienfuegos. de Guantánamo et de Santiago de Cuba ; elle possède des curiosités naturelles, telles que les cavernes du Mont-Liban, de la dépendance de Guantánamo, et bien d'autres grottes curieuses dans sa partie nord. Mais c'est surtout le *Gran-Piedra*[1] qui est une monstrueuse pierre plantée comme un champignon sur le pic le plus élevé de la Sierra-Maestra, et au-dessus de laquelle la vue s'étend à l'infini, qui est une curiosité des plus admirables sous tous les rapports ; ses produits en sucre, mélasse, café, cacao, tabac, coton, indigo, cire et miel d'abeilles, tafia et rhum, minéraux divers, etc., et grand nombre d'autres, sont considérables et de première qualité ; elle possède aussi un grand nombre de villes et de villages sur ses côtes et dans l'intérieur, dont les principales sont sa capitale, la Havane[2], Matanzas et Cárdenas au nord et Santiago de Cuba, Manzanillo, Trinidad et Cienfuegos au sud dans l'extrémité opposée est, de même que Port-au-Prince et Bayamo, etc., dans l'intérieur.

Les femmes cubaines sont charmantes par leur grâce et leur amabilité ; leurs pieds et leurs mains sont admirables; leur talent divin pour le chant et la danse leur attire la sympathie de tous, et particulièrement des étrangers. Les hommes créoles du pays sont assez généralement d'un beau physique et de manières distinguées, et ils réunissent à ces qualités beaucoup d'intelligence; mais, malheureusement, ils ont perdu la franchise, la loyauté et les sentiments d'hospitalité qui, autrefois, les distinguaient très-particulièrement.

[1] La Grosse-Roche.
[2] La Havane avec une population de 200,000 habitants.

Au milieu de toutes ces beautés et richesses, l'île de Cuba serait le diamant le plus précieux du monde si le Gouvernement espagnol eût su y conserver une administration un peu plus paternelle.

J'ai déjà dit plus haut que j'ai eu onze enfants, dont neuf filles et deux garçons, et que j'ai perdu trois de mes premières filles en bas-âge, et une quatrième, il y a près de trois ans. Il ne m'en reste donc plus que sept, dont l'aînée de tous est mariée, et les autres qui demeurent actuellement avec moi, moins mon fils aîné Henri, qui, après avoir reçu une éducation assez soignée et n'avoir jamais voulu m'être utile, a fini lâchement par m'abandonner, après m'avoir enlevé une assez forte somme pour satisfaire ses passions de plaisirs et de débauches. Sa mauvaise conduite m'a sincèrement affecté et m'a confirmé l'opinion que mes réflexions m'avaient souvent fait comprendre, que le bonheur si généralement prôné d'être père, n'est pas toujours sans épines.

Mon second fils, Louis, âgé d'environ vingt-deux ans, me paraît au contraire un jeune homme très-doux et plein d'honnêteté ; il m'a constamment accompagné, et je ne lui ai connu jusqu'ici aucun vice ; mais j'ai la douleur de remarquer qu'il n'est pas d'un fort tempérament et qu'il est aussi d'un caractère assez froid et peu caressant qui envers moi ne correspond nullement à mes continuelles attentions pour lui, ainsi qu'aux bons procédés et à la grande tendresse que je lui ai toujours professé et démontré en tout temps. Pour le reste, il est instruit et a de bonnes manières ; il parle et écrit parfaitement le français, l'espagnol et passablement l'anglais ; il touche du piano et de l'accordéon compliqué à merveille.

Ma fille, Concepcion-Leonarda, est l'aînée de celles qui

m'accompagnent ; c'est une fille passablement indifférente pour moi ; elle est *très-honnête et industrieuse* pour tous les travaux de son sexe et entendue dans les soins du ménage, et ses trois autres sœurs, Juana-Bautista-Hersilia, Leticia-Estefania et Maria-Eliza (lesquelles deux dernières sont encore dans l'enfance), sont également intelligentes et modestes. Ces cinq derniers enfants ont mis un assez long intervalle à paraître entre les six précédents, par rapport à mes absences.

J'éprouve une grande douleur depuis ma dernière visite à mon frère Joseph, parce qu'il m'a paru moins tendre et dévoué que de coutume pour moi et mes enfants, qu'il avait toujours considéré comme les siens, vu qu'il a toujours beaucoup apprécié la vie du célibat et qu'il n'a jamais eu de progéniture ; je ne puis attribuer ce changement qu'au dégoût qu'il aura éprouvé de me voir constamment poursuivi du malheur ; car son cœur toujours compatissant et son âme généreuse, qui n'ont jamais permis qu'il cessât de nous favoriser, sont encore pour moi une garantie des bons sentiments qu'il nous conserve. Néanmoins, pour la première fois de sa vie, il a débattu, avant de nous séparer, la question d'intérêt entre nous, et m'a démontré entre autre chose une petite satifaction à me manifester moins de confiance que de coutume ; depuis cette époque aussi, il m'écrit moins régulièrement. J'ai un autre chagrin, c'est celui d'avoir appris, peu de jours après mon arrivée à Cárdenas, que les deux paroisses de Moron où je me suis marié, et de Santa-Susana où sont nés la majeure partie de mes enfants et où je possède encore des terrains, ont été envahies et incendiées (comme beaucoup d'autres), par les insurgés avec tous les titres et documents qu'elles renfermaient dans leurs archives.

Ici se termine la majeure partie des principaux évènements de ma vie que j'ai dû présenter aussi brèvement que possible, et comme simples notes, omettant un grand nombre d'autres particularités désagréables qui n'ont jamais cessé de me martyriser, mais qui deviendraient fastidieuses à présenter ici. Maintenant je vais continuer en faisant une narration de ma situation présente, depuis que j'ai eu le malheur d'aborder la Jamaïque.

XXI

Description de la Jamaïque et de ses habitants.

Je veux être historien véridique, et ma résolution sur ce point étant ferme, je mettrai toutes considérations et flatteries de côté pour publier avec franchise mon opinion et donner une description exacte de ce gentil et malheureux pays, ainsi que de ses habitants.

Lorsque mon frère et moi étions commerçants à Santiago de Cuba, il y a bon nombre d'années, nous possédions une belle goëlette nommée *Aurora*[1] (qui devint plus tard la proie des Anglais), laquelle faisait des voyages réguliers entre Santiago et Kingstown ; mais ayant déterminé d'expédier ce navire à la côte d'Afrique, je vins à la Jamaïque consigner à Messieurs Singlington et Cie, pour le faire réparer et acheter les marchandises convenables pour la traite. A cette époque, cette contrée était très-riche et la culture florissante, parce qu'on y maintenait encore l'esclavage, et parce qu'aussi Kingstown était devenu l'entrepôt de toutes sortes de marchandises pour l'approvisionnement des Antilles ; j'en avais donc conservé un assez bon souve-

[1] Aurore.

nir, et alors il n'est point surprenant que sur les nouveaux renseignements qu'on m'en donnait à Cárdenas, j'aie pu me laisser séduire pour y retourner ; mais, hélas!... quel changement défavorable s'y est opéré depuis l'émancipation des nègres et le mauvais système du Gouvernement anglais pour les gouverner!... — Mais il n'est plus temps de se lamenter, ma mauvaise destinée m'y ayant reconduit ; il ne me reste plus qu'à faire connaître les pertes et les grands tourments qui m'en sont résulté.

Je débarquai à Kingstown le 10 septembre 1873, et de cette date jusqu'à ce jour[1], il s'est écoulé plus de deux ans qui permettent que je puisse parler parfaitement de tout ce qui a rapport à cet intéressant, mais infortuné pays, digne d'un meilleur sort.

Peu de temps après mon arrivée, j'achetai un joli *Pen*[2] situé à un mille et demi de Kingstown, et nommé *Aranjuez*[3] qui possédait une magnifique maison à étages et de superbes établissements, salles de bains, écuries, remises et autres belles maisons ; de grands bassins en maçonne propres à la natation, des jardins délicieux et des bosquets garnis d'arbres fruitiers de toute espèce, etc. — Je voulus prendre possession de ce charmant séjour aussitôt que possible, pour achever de m'y installer, en achetant une voiture et des chevaux qui m'étaient indispensables ; mais pour y parvenir, je commençai à éprouver la première difficulté que procurent toujours les affaires de ce pays, en ayant à lutter avec le locataire, qui ne voulait me céder son poste qu'après que je lui aurais acheté ses meubles et ses animaux à un prix très-élevé. Bref, pour en terminer,

---

(1) 29 septembre 1875.
(2) Sorte de bien de plaisance.
(3) Résidence royale en Espagne.

je consentis à lui payer le tout ce qu'il voulut, et moyennant ces conditions, je pus me rendre avec ma famille sur les agréables lieux que j'avais choisis pour y fixer notre résidence : nous avions une vue enchanteresse et une température des plus délicieuses, et du balcon de notre maison nous voyions parfaitement, même sans longue-vue, les villes de Kingstown et Port-Royal, sa magnifique baie et les navires qu'elle contenait, le vaste océan, les îlots et les phares qui environnaient nos côtes, les divers pens qui nous entouraient, ainsi que les montagnes et leurs plantations ; enfin je croyais encore avoir retrouvé la tranquillité d'une vie paisible, lorsque bientôt je fus forcé de me détromper.

Ayant reconnu que les frais que m'occasionnait mon pen par rapport aux contributions qu'il payait et la nécessité de son bon entretien, étaient trop dispendieux pour mes ressources, et possédant une assez grande étendue de terrains bien entourés, je résolus de les utiliser en élevant des moutons et cabrits, et principalement des vaches, pour tirer parti de leur lait et de leurs suites, et, dans ce but, j'acquis un bon nombre de ces premiers, plus vingt-deux bonnes vaches que je lâchai dans mes pâturages sous la surveillance d'un gardien ; mais cet essai me coûta bien cher, parce que mes moutons et cabrits, avec un grand nombre de cochons, dindes, canards, pigeons, poules, etc., disparurent promptement en m'occasionnant en peu de mois une perte de plus de six cents piastres. J'eus encore la constance d'acheter de la volaille pour avoir des œufs frais ; mais je vins à découvrir que mes propres employés me la volaient ; je dus donc renoncer à cette douceur pour me livrer exclusivement à obtenir un meilleur résultat des vaches : vain espoir ! leur lait m'était continuellement volé sans en excepter les objets et vases nécessaires pour les traire, et sans qu'aussi ma grande surveillance nuit et jour pût y remédier.

J'étais terriblement vexé de me voir si horriblement dépouillé, et, quoique je changeasse souvent mes vachers dans l'espoir d'en trouver de plus honnêtes, je n'ai jamais pu qu'empirer, jusqu'à ce qu'enfin j'aie été forcé d'abandonner cette spéculation, de même qu'une entreprise de coupe de bois et jusqu'à mon jardin potager. C'était bien malheureux ; car je reconnus dès ce moment que ma propriété ne pouvait être que de pur agrément pour une personne riche, et qu'alors il devenait convenable que je la vendisse ; mais n'ayant pu trouver d'acquéreurs, je me décidai à la louer pour quatre ans à un négociant de notre ville, nommé Monsieur Charles Nunez, et à placer le peu d'argent qui me restait à faible intérêt plutôt que de l'employer de tout autre manière dans ce pays-ci, puis enfin à me retirer à Kingstown dans une maison que j'y avais acheté et qu'il était nécessaire que je fisse réparer sous ma surveillance. Plus tard j'ai pu réussir à vendre mon pen et ma maison à des conditions désastreuses pour mes intérêts, ainsi qu'à faire un règlement avec mon frère avant mon départ de la Jamaïque.

Il n'existe point de pays au monde où le service des valets soit aussi exécrable et aussi coûteux que dans celui-ci, par rapport aux continuels vols de toute espèce qu'ils vous font. Les domestiques y sont complètement privés d'intelligence et de bonne volonté, et tous, tous sans exception, sont essentiellement hypocrites, paresseux, voleurs et répugnants par leurs insolences et leurs grossièretés ; ils sont tellement apathiques et ils peuvent vivre à leur manière avec si peu de chose, qu'ils sont d'une indépendance révoltante, et que, quelque bon traitement et avantage qu'on puisse leur accorder, les plus vaillants ne peuvent se décider à travailler plus d'un mois, parce qu'ils sont anxieux d'aller s'enivrer et dormir nuit et jour, jusqu'à ce qu'ils aient fini les quelques schellings [1] qu'ils ont abominablement gagnés, en vous dépouillant journellement de tous les articles du ménage, et particulièrement l'argent qu'on est obligé de leur confier pour la marche régulière du service.

Quand un domestique devient affamé, il ne craint jamais de se compromettre pour toutes sortes de services, et il accepte toujours toutes les conditions que vous pouvez lui offrir pour obtenir un emploi ; mais jamais non plus il ne tient à ses engagements. Ainsi, entre autres cas de ce genre, une servante que j'avais pris pour maintenir ma maison en parfait état de propreté, ayant eu à remarquer qu'elle se négligeait, je crus très-juste de lui en faire l'observation ; mais quelle fut ma surprise quand j'obtins pour toute réponse, et d'un ton courroussé : *me no, me no, me no* [2], et qu'elle demanda immédiatement à se retirer. Enfin, on est tellement persécuté par ces odieuses brutes, que cela est plus que suffisant pour devoir engager à s'éloigner pour toujours du pays qui tolère leur paresse et leur ignorance.

Il n'y a point de termes assez expressifs dans aucun idiome pour pouvoir dépeindre la crapule, la malpropreté et la mauvaise foi de ces abominables êtres, et je préférerais cent fois mieux employer des orangs-outangs que de me trouver obligé de les voir même à une grande dis-

---

[1] Pièce d'argent anglaise, qui vaut 24 sous environ au poids de la monnaie française.
[2] Moi non, moi non, moi non.

tance. C'est pour ces motifs que j'ai eu à me servir d'une femme blanche et de la payer fort cher pendant ma résidence à la Jamaïque. Il en est à peu près de même des travailleurs des campagnes : on ne peut jamais compter sur eux ; ils ne font que du mauvais travail et le moins possible ; ils sont complètement indociles et dévastent tout ce qui peut exister sur les propriétés qui ont le malheur de les employer, ce qui produit la ruine et la misère du pays et qui est aussi la cause de sa grande corruption !

Je suis devenu philosophe modéré, et, pour cette raison, je me sens incliné à voir et à prendre avec calme et indulgence les erreurs et les vices de la pauvre humanité ; mais en même temps pour ses propres intérêts, je comprends la nécessité de les mettre en évidence pour tâcher d'y remédier et de les éviter. Mes idées sont également très-libérales et fraternelles, car je ne fais d'autre distinction entre les hommes de quelque race et titres, nationalité ou religion, etc., qu'ils puissent être, que celle qui est véritablement méritée par la bonne conduite, principalement quand elle est réunie aux connaissances utiles et aux talents agréables. Ainsi le noir est pour moi aussi appréciable que le blanc, le Turc et le Chinois que le Français ou l'Anglais, le juif et le mahométant que le chrétien, et le roturier que le noble, pourvu qu'ils réunissent les qualités requises ; cependant, comme l'inclination des hommes est considérablement influencée par les effets du climat et des usages du pays qu'ils habitent, il est permis de faire une grande distinction entre le blanc et le nègre, sous le rapport des habitudes, des inclinations et de la vivacité. Ainsi le noir étant naturellement plus indolent et moins sensuel que le blanc, il lui est trop facile sous nos beaux climats d'acquérir sans travail ce qui lui est indispensable pour sa frugale nourriture et ses vêtements simples et légers, et dès lors il s'habitue à la mollesse qui est la mère de tous les vices, et particulièrement de la rapine ; ces vérités, reconnues et prouvées par tous ceux qui ont gouverné des nègres, démontrent qu'il est indispensable, pour leur propre bonheur, de les tenir soumis à des lois justes et à une institution convenable pour le travail, comme serait par exemple celle des colonies françaises.

Malheureusement le Gouvernement anglais a mal compris le caractère du nègre ; il lui a accordé trop subitement un excès de privilèges et d'indépendance, qui a dégénéré en licence dégoûtante et préjudiciable ; il a cru qu'en les instruisant il parviendrait à les civiliser ; mais c'est une grande erreur. Le nègre le plus savant, lorsqu'il est abandonné à lui-même, fait presque toujours un très-mauvais usage de ses connaissances ; voici donc précisément la cause qui nous est à tous nuisible.

Je viens de donner une faible idée des inclinations et du caractère des nègres de cette contrée ; maintenant je continuerai en faisant une légère comparaison avec celui d'un grand nombre de blancs, fils du même pays, en présentant quelques-unes de leurs actions et en démontrant le cynisme et l'égoïsme qui les guident.

Un de mes amis, marchand de Kingstown, qui me donnait motif de plainte pour le prix trop élevé de divers articles que je lui achetais, je ne pus m'empêcher de lui faire comprendre qu'il ne me traitait pas amicalement ; mais loin de diminuer ses prétentions, je fus bien étonné de lui entendre me prêcher très-sérieusement et même avec humeur, qu'il ne connaissait en affaires ni père ni mère ni frères ni sœurs, ni femme ni enfants, pas même le bon Dieu, et que l'amitié n'était qu'un mot insignifiant qu'on devait garder seulement entre les dents pour le pulvériser et le détruire aussitôt que les intérêts, de quelque espèce qu'ils fussent, pouvaient en être légèrement affectés. — Un autre qui vendait des articles favoris des nègres, tels que boissons, tabac et salaisons, me disait aussi avec la même franchise qu'il vallait mieux tuer trois bons blancs que de maltraiter un pauvre nègre qui l'aidait à gagner de l'argent. — Un troisième, qui appartient à une des bonnes familles du pays, a eu l'impudence de me vendre quatre vaches d'un de mes voisins pendant qu'elles étaient à paitre dans mes prairies. — Un quatrième, qui, après m'avoir vendu la maison que j'occupais, avec toutes ses dépendances (qui arrivaient jusqu'à la rue du derrière), et en avoir reçu le montant, a profité de mon absence pour en passer l'écriture sans mentionner la partie du fond, qu'il fit immédiatement séparer par une simple cloison de planches ; et enfin un cinquième (pour ne pas remplir ce cahier de preuves), qui est un des principaux horlogers de cette ville, duquel je garde soigneusement le nom, auquel j'avais confié deux montres en argent pour qu'il les vendit bon marché, à 20 piastres les deux, ou séparément 12 piastres chacune, qui, après les avoir gardées un temps infini et avoir su obtenir de moi un rabais, en prétextant qu'il les prenait pour son compte, a conclu l'affaire en s'appropriant la meilleure, qu'il n'a payée à la longue que 9 piastres, et en m'offrant de me remettre la seconde, qui n'en a pas moins disparu, puisque je suis encore à l'attendre. — Ce misérable, pour voler quelques schellings croit avoir fait merveille, car j'ai su qu'il s'était vanté de sa filouterie à tromper un étranger, tandis qu'il s'est rendu coupable envers Dieu et méprisable aux yeux des hommes ! Bref, je pourrais citer bien d'autres actions du même genre ; mais je crois que celles-ci démontrent suffisamment l'esprit d'ambition et de rapine, ainsi que le peu de moralité d'une certaine partie des habitants de ce pays.

Entre les différentes sectes religieuses qui abondent à la Jamaïque, on peut y remarquer aussi une intolérance fanatique sous une apparente dévotion, qui ne correspond nullement aux actions répréhensibles et ridicules qu'elles ne peuvent suffisamment cacher. Ainsi, sous peine d'être impitoyablement critiqué, il n'est point permis de prendre la plus petite distraction le dimanche, pas même de chanter ni jouer d'aucun instrument, et encore moins de vendre ou acheter les choses les plus indispensables à l'existence. Mais il est permis de murmurer contre le prochain et de préparer les moyens de lui être préjudiciable en abusant de sa bonne foi ou de son innocence, ainsi que de prêcher une doctrine révolutionnaire, principalement contre les blancs. Quant à moi qui respecte toutes les religions, parce que je suis persuadé que leur but et leur morale sont toujours les mêmes, je ne puis cependant comprendre ni approuver un semblable système, et je méprise surtout le mauvais exemple que fournissent à chaque instant certains ministres qui sont chargés de maintenir et propager ses diverses croyances, lorsqu'ils sortent de leur ministère pour enseigner une aussi immorale conduite !

J'ai toujours beaucoup apprécié les Anglais, parce que c'est un grand peuple qui sait se gouverner par de sages lois et une prudente politique ; mais malheureusement un assez grand nombre de ceux de la Jamaïque ont tellement perdu les qualités estimables de leurs pères européens, qu'ils ne peuvent que leur faire honte.

Parmi la majeure partie des créoles de ce pays, et de même que chez les natifs de l'île de Cuba, on en trouve beaucoup attaqués d'une stupide manie d'orgueil (le plus souvent totalement infondé), qui achève de les rendre insipides, et oblige en même temps à en chercher la cause par l'examen de leurs cassettes ou sacs qui pourraient garder leurs titres et grande renommée ; mais en y fouillant, on est bientôt forcé de se désillusionner, parce qu'on ne peut que se salir les mains pour n'en retirer toujours que du charbon et encore plus de charbon ; néanmoins ceux d'ici qui ont de la fortune, savent vivre assez confortablement selon leurs goûts très-simples en habitant une belle maison bien meublée et à laquelle est attaché un joli jardin, et en ayant aussi une bonne voiture. Les créoles de pure race anglaise sont encore pire : ils ont fort peu de sensualité, et pourvu qu'ils aient en abondance de la viande de bœuf dure comme roc, des ignames ou pommes de terre bouillies et du rhum, ils sont parfaitement heureux; je vais en donner un petit exemple : Un riche commerçant et habitant de Kingstown m'invita à visiter, *à ses frais,* une de ses sucreries qu'il désirait me vendre ; j'acceptai son aimable invitation, qui cependant ne m'a point tenu quitte d'avoir à payer la moitié de tous les frais du voyage et à prendre un repas sur sa propriété, composé de viande salée, d'ignames et de rhum, qui m'a occasionné une dyssenterie de laquelle j'ai failli mourir et me ressens encore !

Les lois locales du pays sont des plus ridicules, et les frais d'écriture de ventes sont excessifs et sans autre tarif que celui du caprice de l'avocat chargé de les rédiger. Ainsi entre autre coutume devenue loi, les locataires des maisons et penns sont obligés de payer les impôts desquels ils sont surchargés, parce qu'on n'a point soin de les recouvrer régulièrement pour donner lieu en sus à payer des amendes. J'ai pu l'apprendre à mes dépends, parce qu'à mon arrivée ici, ayant eu à louer une maison, on est venu peu de jours après me réclamer deux années arriérées de sa contribution, sous peine, faute de payer de suite, de saisir et vendre en vente publique tous mes meubles. Un autre fois, un nègre vola en plein jour, dans la poche du gilet de mon fils, son porte-monnaie qui contenait un chèque de soixante-cinq piastres sur la Banque coloniale, plus trois billets de cinq piastres de la même Banque; le voleur fut un peu plus tard arrêté par les témoins du fait, et conduit en prison par la police; mais le juge ayant remis l'affaire à huit jours, le coupable fournit alors une caution pour sortir de prison et s'entendre avec des avocats qu'il paya avec l'argent de mon fils. Ceux-ci, à la première audience, déclarèrent au tribunal que mes témoins étaient aussi des voleurs, et en conséquence de cette défense, sans plus de preuves, le juge déclara également qu'il n'y avait pas lieu à punir ni les uns ni les autres. Eh bien! c'est vraiment charmant que dans un pays ou les voleurs fourmillent et où la garantie personnelle n'est nullement assurée, parce qu'il n'y a aucune loi préventive qui permette à la police de s'emparer du vol ou de l'arme de l'assassin avant qu'il s'en soit servi, c'est vraiment charmant, dis-je, qu'on ne puisse pas se servir de témoins, parce qu'ils sont aussi coupables que les accusés. Cependant, avec un peu de réflexion, il est facile de comprendre que témoins et accusés étant tous coupables, ils devraient être également châtiés.

Les nègres ont bien raison de se dire maîtres du pays, puisqu'ils sont chargés d'y faire la police et forcés de remarquer la protection qui leur est accordée au détriment des blancs. Dieu permette que leurs idées de supériorité et leur désir de trop d'indépendance, desquels ils nous ont déjà donné des preuves palpables, il y a peu de temps, par des actes d'insubordination funestes pour tous, surtout pendant les jours du 10 au 13 octobre de l'an 1865, ne se renouvellent plus en ayant soin de les réprimer prudemment et assez tôt, pour qu'il n'y ait plus lieu à faire des exemples aussi douloureux, *quoique indispensables*, comme celui qui leur a été présenté à cette occasion, pour éviter une fin beaucoup plus sérieuse!

Je suis véritablement peiné d'être forcé de faire une description désavantageuse d'un pays qui, par lui même, est assez plaisant, et qui pourrait encore fournir de grandes richesses par ses produits presque semblables à ceux de l'île de Cuba, si ce n'était de la trop grande condescendance du Gouvernement anglais pour les nègres; mais ma sincère opinion m'y oblige, de même que de faire connaître les avantages qui le favorisent. Ainsi je dirai que j'ai parcouru toutes ses campagnes, qui sont fort curieuses par le pittoresque de ses montagnes, parmi lesquelles plusieurs produisent une abondante variété de fruits et légumes d'Europe. Je citerai aussi les magnifiques routes carrossables qui les traversent en tous sens pour aboutir à de fertiles vallées qui renferment de superbes sucreries et de beaux penns destinés à la reproduction d'animaux de toute espèce ; je parlerai également de la gentillesse de ses nombreuses rivières, et enfin des jolies plantations de tabac cultivées par les émigrés cubains, qui en obtiennent une feuille de bonne qualité, de laquelle on pourrait tirer de grands avantages, si les coolies qu'on y emploit assez généralement, n'étaient mal conseillés par les noirs qui les entourent.

La ville de Kingstown est assez grande et contient environ quarante mille habitants; sa température est fort agréable et plus douce que celle de Santiago de Cuba, quoique sous une latitude plus chaude, par rapport aux fortes brises qui y règnent continuellement. Elle est fort curieuse aussi par l'architecture de ses bâtisses et leurs couvertures en essentes ou bardeaux et tuiles galvanisées ; ses rues sont assez généralement larges et droites, moins des ruelles qui se trouvent entre chacune d'elles; mais toutes sont bonnes et bien entretenues. Elle a une vaste place de laquelle on a fait un joli jardin, qui, je le regrette, est dépourvu de bancs pour se reposer [1], dans la crainte sans doute de les voir envahir par les noirs. Elle possède quelques établissements utiles, tels qu'une grande pénitentiaire et un beau marché bâti tout en fer, ainsi qu'une assez jolie église catholique romaine, deux synagogues et plus de trente autres temples de sectes diverses; elle a aussi quelques fontaines, de charmants jardins qui entourent les maisons de la partie haute de la ville, qui ne laisse pas d'être généralement plate; mais les rues ne sont point éclairées ; et tous les magasins se fermant de nuit, il y existe une tristesse et une obscurité profonde! Les autres villes principales de l'île sont : Spanish-Town, qui est la résidence du Gouvernement, et qui contient de huit à dix mille habitants; elle communique avec Kingstown par un chemin de fer qui a cinq lieues de distance, et suit à quelques milles plus loin jusqu'à un village nommé Old-Harbor ; vient ensuite Port-Royal à l'entrée de la baie de Kingstown, qui est de peu d'importance, si ce n'est pour la station des navires de guerre, mais dont les alentours de la mer rendent le séjour sain et fort agréable, de même qu'il en résulte à

(1) J'ai su plus tard qu'on en a placé un assez bon nombre.

Kingstown par la vue des délicieux penns d'agréments qui l'environnent ; il y a aussi plusieurs villages assez grands soit dans l'intérieur ou sur les côtes de l'île, et tous avec des écoles et églises aux frais du Gouvernement; de ce nombre je citerai les suivants : Falmouth, Monte-Bay, Port-Antonio, Lucea, Black-River, Savanah-la-Mar, Morant-Bay, Port-Maria et Sainte-Anne-Bay, sur les bords de la mer; puis Old-Harbor et Mandeville, etc., dans l'intérieur. — La population de Kingstown se compose tout au plus de trois mille blancs, et le reste de noirs et gens de couleur.

D'après ce qui m'a été assuré, la dernière statistique de toute l'île aurait produit, non compris les étrangers, 500,552 noirs, coolies et personnes de couleur, contre 12,500 blancs, en y comprenant 500 hommes de troupes européennes qu'on dit être les seules qui gardent toute l'île conjointement avec des soldats noirs, créoles du pays.

Les habitants de Kingstown se composent de quelques Anglais d'Europe, des naturels de l'île qui professent diverses religions et de ceux d'origine française qui exercent le dogme du Pape ; plus un grand nombre d'émigrés haïtiens, et surtout de Cubains, qui sont venus y chercher l'hospitalité depuis que leur pays est devenu théâtre d'une guerre constante et meurtrière !

J'ai déjà manifesté mon opinion concernant les natifs du pays d'origine anglaise ; maintenant il ne me reste plus qu'à faire connaître ceux d'origine française, qu'en ma qualité de Français j'ai été à même de fréquenter beaucoup plus que les autres. Les demi-français de Kingstown ont conservé bien peu du patriotisme de leurs pères ; néanmoins, ils sont assez généralement très-décents et bien élevés, et ils pourraient être même très-sociables s'ils ne vivaient sous l'influence d'un certain jésuite savoyard, d'autres disent auvergnat, qui, après avoir abandonné le sabre pour s'affubler du froc, est venu ici pour les endoctriner, au point même de les rendre fanatiques. Depuis cette époque, pour ce qui me concerne sur la conservation de mes liaisons d'amitié, il devenait nécessaire que je fusse trop souvent à la messe et en confesse; mais, comme d'après les principes qui m'ont été inculqués dès ma plus tendre enfance, ma dévotion ne peut consister à aller à la messe et me confesser à chaque instant, mais plutôt d'abhorrer la médisance et me contenter d'adresser mes prières directement à Dieu pour moi et pour mon prochain, auquel je viens indistinctement en aide autant qu'il m'est possible, je n'ai pu adopter cette sotte manie ; et comme cela n'a pu plaire au jésuite savoyard, il a cherché de plus en plus à refroidir mes amis en s'aidant de la calomnie; cependant il n'a pu réussir entièrement qu'auprès de quelques femmes ; car toutes les personnes de bon jugement qui ont su apprécier ma conduite, ont continué à me manifester de bons sentiments.

Parmi les personnes qui m'ont donné des preuves d'une constante franchise pour moi et ma famille, je citerai très-particulièrement Monsieur Arnold-Louis Malabre, chevalier des plus respectables de cette ville, et représentant de la République française, ainsi que toute sa famille; son gendre, Monsieur Pierre Desnoes, homme comme il faut, riche propriétaire et commerçant des plus distingués de Kingstown, où il est chargé du Consulat de Costa-Rica, et quelques autres plus ou moins affables, tels que Monsieur Henri Vendryes, avocat très-instruit et renommé ; Monsieur Jean Sérapure, Consul de Santo-Domingo, généralement très-estimé par ses bonnes qualités et son amabilité; Messieurs Branday père et Lino Chavane; le probe sieur Mᶜ Dowell, chef de la respectable et riche maison de Mᶜ Dowel et Barclay, et enfin son honnête et complaisant employé de confiance, Monsieur Simon-Emmanuel Peter, vice-consul de Belgique et de Hollande, et fort longtemps consul espagnol en cette ville. Mais j'omettrai de parler de bien d'autres de mes connaissances d'origine française, qui ont souvent manqué envers moi aux égards de convenance de la bonne société, en méprisant les règles que la bonne éducation et fine politesse exigent. Je dois aussi faire de très-particulières louanges pour les bons procédés qui m'ont été prodigués par Monsieur le général Geffrard, ex-Président d'Haïti, qui, jusqu'ici, a le plus honoré son pays par sa bonne administration, ainsi que son aimable dame, qui m'ont toujours favorisés de leur amitié et qui sont également très-respectables par leur grande probité et leur politesse exquise. Le souvenir de tous ces amis sera le seul que je conserverai avec mes regrets de séparation, lorsque je serai obligé d'abandonner la Jamaïque.

Je passerai à cette heure à la société juive qui est très-nombreuse à Kingstown, et qui est à peu près maîtresse de toutes les affaires du pays, et j'avouerai que, quoiqu'elle n'ait pas dérogé de ses antiques habitudes et système d'industrie et d'économie, que c'est encore celle que j'ai trouvé la plus traitable et courante, soit pour sa bonne réception et ses manières affables, soit aussi en toutes sortes de négociations.

Je concluerai en donnant quelques détails sur les dames de la Jamaïque, sur ce sexe enchanteur et divin qui mérite tant qu'on s'occupe de lui, puisqu'il est le chef-d'œuvre du Créateur, et qu'il fait le charme de tous les pays, puis en manifestant en même temps l'intérêt et la pitié qu'il m'inspire.

XXII

Opinion sur les femmes.

Les femmes de la Jamaïque ne sont point généralement jolies ; mais, parmi le nombre, il s'en trouve plusieurs d'une beauté rare et parfaite, surtout entre les juives : elles sont fort aimables et d'une galanterie avec les hommes un peu trop outrée, qui est provoquée sans doute par la froideur et le manque de complaisance de la majeure partie de leurs compatriotes jamaïcains qu'elles ont besoin d'animer. Cependant, les dames d'origine française font exception par leurs coutumes réservées et leur vertueuse modestie ; on m'a assuré aussi que les juives participaient un peu du même système d'éducation. Quoi qu'il en soit, je n'en suis pas moins grand partisan des femmes en général, parce que, le plus souvent, elles n'agissent point entièrement selon l'impulsion de leur cœur, mais plutôt sous l'influence de l'éducation et les coutumes des lieux qu'elles habitent. En conséquence je ne puis cesser de les aimer et les vénérer, au point même de partager entièrement leur triste situation, pour leur être utile et agréable autant qu'il m'est possible, et tâcher de pâlir les règles et les usages de notre société, qui produisent leur martyre ; car, en effet, puisqu'elles nous procurent la plus grande félicité de ce monde, n'est-il pas bien douloureux qu'elles soient condamnées toute leur vie à être, soit sous la tutelle de leurs pères ou parents, ou soit enfin sous celle le plus souvent d'un méchant époux, que nos coutumes ne leur ont pas permis de choisir. N'est-il pas également douloureux que, malgré leur délicatesse, elles soient condamnées à supporter les incommodités de la grossesse et les douleurs et les dangers de l'enfantement, et enfin ne méritent-elles pas toute notre indulgence et notre respect, par la constante tendresse avec laquelle elles prodiguent nuit et jour leur soins à leurs enfants et endurent les tourments qu'occasionne la maternité ? Ah ! pour moi, loin de les aimer comme un simple jouet du caprice des hommes trompeurs et perfides, je les considère, de même que les plus belles fleurs de précieux jardins, comme le plus charmant et le plus bel ornement de la société, et je demeurerai toujours leur plus grand admirateur !

XXIII

Bonnes intentions et souhaits pour la prospérité de la Jamaïque et de ses habitants.

Il serait bien difficile aux Français et aux Espagnols de trouver de l'agrément à Kingstown, qui ne renferme aucune distraction, parce que ces peuples sont trop essentiellement amis des plaisirs, de sorte qu'ils ne peuvent s'habituer à la grande tristesse qui y existe pendant les jours de fêtes ; tandis que chez eux, au contraire, on les dédie aux plus grandes réjouissances et aux achats de toutes sortes de friandises ; ils ne peuvent s'habituer non plus à être exposés à manquer de tout, pendant ses journées qui leur paraissent de deuil, s'ils n'ont pas eu le soin de s'approvisionner la veille, même de la drogue la plus indispensable à la conservation de leur santé, et ils en demeurent affectés et rêveurs ; mais ce sont surtout les domestiques qui, abusant de leur qualité d'étrangers (et surtout avec les Cubains qu'ils abhorrent infiniment), leur font passer de cruels moments en les abandonnant totalement et sans le moindre aide, lorsque cependant il leur serait très-facile d'accomplir leurs engagements, soit en préparant d'avance tout ce qui est nécessaire ou en se faisant remplacer, pour être libre de pouvoir concourir largement aux cérémonies religieuses de leur culte, sans mettre ceux qui les payent dans l'impossibilité de pouvoir assister à la messe et d'accompagner tranquillement les personnes qui viennent les visiter.

Les Anglais du pays n'ont d'autre distraction, pendant ces jours de repos, après avoir assisté aux offices divins, que de penser continuellement aux affaires qui les intéressent; d'ailleurs ils souffrent beaucoup moins du mauvais service des domestiques, auxquels ils sont habitués, que nous, étrangers et surtout Européens, qui connaissons les obligations d'un bon valet, et parce qu'aussi ils en obtiennent un meilleur traitement, par le système de grand mépris et d'indifférence qu'ils ne cessent de leur manifester, pour les intimider et leur faire comprendre qu'ils ne sont point indispensables.

Toutes les raisons que je viens de présenter et les contrariétés qui me sont survenues dans ce pays depuis que je l'habite, et que je viens en partie d'énumérer, jointes à celle encore plus douloureuse de toutes de n'avoir jamais pu mériter de mes amis ni de personne que mon fils Louis (qui a quelques capacités pour être employé dans un bureau), ait pu trouver à s'y occuper même gratis, réunies également au mauvais état de ma santé, m'engagent malgré ma sympathie pour le sol de la Jamaïque et quelques-uns de ses habitants, à retourner l'été prochain dans ma patrie, auprès de ma mère qui, heureusement pour moi, habite le beau climat du midi de la France. —

Que Dieu me fasse la grâce de pouvoir y arriver pour y revoir et embrasser ma vieille mère de laquelle j'ai presque constamment été séparé, et de faire imprimer ces lignes mal dictées, que je chargerai mon fils Louis, ou à son défaut mon frère J.-A. du Bois-Halbran, de conclure, en y ajoutant des notes, s'il vient à m'arriver quelque nouvel évènement sinistre pendant le reste de mon existence !

Je désire sincèrement que les habitants de la Jamaïque acceptent, sans passion rancuneuse, les reproches que ma conscience ne me permet pas de cacher, dans le simple but de leur être favorable ; je désirerais beaucoup aussi que le Gouvernement anglais voulût bien faire quelque attention à mes faibles réflexions pour coopérer à l'amélioration du sort des habitants de cette île, et si je me suis trompé et que mon jugement soit reconnu faux, je prie de me pardonner, parce que je déclare qu'il n'a été guidé que par la meilleure intention d'être utile.

Je finis en engageant mon fils Louis à jeter quelquefois les yeux sur cette brochure insignifiante pour tout autre que lui, parce qu'elle pourra l'aider par mon exemple à supporter courageusement les peines et les contrariétés inséparables de ce monde, qui devront lui arriver pendant le cours de sa vie, et à cette occasion, je termine en adressant mes prières à Dieu pour le bien de l'humanité, et en particulier pour la prospérité de la Jamaïque et de tous ses habitants.

XXIV

Départ de la Jamaïque pour la France.

Je croyais avoir fini de raconter mes principaux malheurs; mais, hélas ! il faut encore que j'en ajoute un bien sensible à ceux que j'ai déjà présentés, avant de laisser le sol qui m'est si funeste. Je croyais aussi diminuer mes chagrins en changeant ma position pour me réunir à ma mère, et je n'ai pu que les empirer ; il faut donc que je me conforme aux décrets de la Providence, qui ne me permettent plus nulle part sur cette terre un seul instant de repos ; j'en fais actuellement une trop cruelle expérience, car lorsque j'avais osé me flatter d'améliorer ma situation auprès de ma mère, lorsque je formais des projets pour lui procurer tout le bonheur qu'il me serait possible et remplir jusqu'à ses derniers moments les devoirs d'un bon fils, lorsque, entouré de toute ma famille, j'espérais trouver cette tranquillité d'esprit et de douce satisfaction du cœur que je cherche infructueusement depuis si longtemps ; lorsqu'enfin je croyais pouvoir jouir du bonheur naturel d'être aimé de ceux que j'aime, je viens d'éprouver un désanchantement complet, en me trouvant réduit à un total abandon au moment où plus que jamais les soins de famille, auxquels j'ai toujours été habitué, me deviennent indispensables, pendant que je vais résider dans un pays et sous un climat devenus pour moi entièrement étrangers !

Je suis parti de Kingstown à bord du bâteau français *Martinique*, de la ligne transatlantique des Antilles, le 25 avril 1876, et suis arrivé à Bordeaux le 20 du mois de mai suivant, après une traversée de ving-cinq jours, pour avoir eu à toucher dans les divers ports qui suivent : Santiago de Cuba, Port-au-Prince d'Haïti, le Cap Haïtien, Saint-Thomas, Mayaguey dans l'île de Portorico et Santander, en Espagne ; notre traversée n'a pas été des meilleures par rapport aux forts vents contraires qui ne nous ont point abandonnés et la grosse mer que nous avons trouvé depuis que nous avons atteint les îles Azoras jusqu'au golfe de Gascogne.

XXV

Ingratitude de mes enfants. — Notre séparation. — Le triste état où j'ai trouvé ma mère en arrivant à Bordeaux.

Peu de temps avant mon départ de la Jamaïque, mon fils Louis avait été prendre un emploi qui lui était offert à Port-au-Prince d'Haïti, et, à cette même époque, j'avais manifesté à mes deux filles aînées, Concepcion et Hersilie, mon intention d'aller nous fixer en Europe, mais qu'en raison des frais que cette détermination m'occasionnerait et des malheurs et grandes pertes que j'avais éprouvé depuis quelques années, qu'il me serait impossible de les maintenir avec la même aisance que j'avais pu le faire jusqu'ici, et qu'alors il deviendrait convenable, pour y parvenir, que nous nous occupassions d'une industrie quelconque; je croyais donc, par cet avis, les avoir satisfaites, et, en effet, dès ce moment, nous commençâmes de commun accord à faire nos préparatifs de voyage, jusqu'à la nuit de la veille de notre départ que..... pourra-t-on le croire? mes deux infortunées filles se sont enfuites du toit paternel, en enlevant avec elles leur deux innocentes petites sœurs âgées de sept et neuf ans, pour aller se cacher bien loin dans la ville de Spanishton, afin qu'il me soit impossible de pouvoir les obliger à me suivre! — Je fus indigné de cette méchante et perfide conduite, et de cette ingratitude dégoûtante qui me prouvait une totale insensibilité filiale, et dès ce moment mon cœur, flétri d'amertume, se ferma et méconnut un instant la voix de la nature! — Je n'avais plus un moment à perdre; le bateau avait fait son dernier appel; déjà il se préparait à partir en lâchant ses amarres ; d'un autre côté, je ne pouvais plus laisser ma mère aussi longtemps dans mon attente ; il fallait que je perdisse mon passage ou que je me décidasse de suite à partir ; je pris cette dernière résolution ; je m'embarquai et abandonnai mes filles au mauvais sort qu'elles se préparaient, jusqu'à ce qu'elles puissent reconnaître et m'avouer leur erreur.

Après le cruel évènement qui venait de m'arriver, toutes mes affections filiales et paternelles se réunirent pour ne plus penser qu'à ma mère avec laquelle je me promettais encore quelques moments heureux, et il me tardait d'allégir mes peines en la comblant de mes soins et caresses ; mais, ô douleur désespérante et sans remède ! ma pauvre mère n'est plus en état d'apprécier mes soins ni mes caresses ; son grand âge l'a rendue insensible ; elle ne me connaît plus et me prend même souvent pour un ennemi ; en un mot, j'ai eu la cuisante douleur de la trouver dans un complet état d'enfantillage et d'inutilité, qui, se réunissant à la perte des seuls bons parents qui me restaient dans les lieux que j'habite actuellement, bouleversent et détruisent entièrement mes longues et chimériques espérances de félicité, pour me réduire à gémir de mes malheurs dans un complet isolement !

Dieu permette qu'après tant de funestes revers je n'aie pas encore à déplorer de nouvelles calamités avant le terme de mon existence !

Bordeaux, 31 Août 1876.

H. du BOIS-HALBRAN.

NOTES

Généreuse bonté de mon frère.

Je ne me suis point trompé dans ma constante croyance; mon frère J.-A. du Bois-Halbran n'a jamais cessé d'être bon et généreux, et il m'en donne encore aujourd'hui, 12 juillet 1876, une nouvelle preuve par le télégramme qu'il adresse aux Messieurs Lestapis et Cie de cette ville, pour les prévenir d'avoir à me créditer chez eux d'une somme de trente mille francs, de laquelle il me fait présent. — Il m'est bien doux, pour conclusion de cette Notice, d'avoir à ajouter une aussi belle action et de présenter une des nombreuses marques de la tendresse fraternelle de ce digne et respectable frère.

ERRATA

Page 14, ligne 17, lisez : *Gironde,* au lieu de Garonne.
Page 22, ligne 3, lisez : *sa,* au lieu de leur.
Page 28, ligne 20, lisez : *nasse,* au lieu de nace.
Page 59, ligne 30, lisez : *pianino,* au lieu de piano.
Page 64, ligne 20, lisez : *penn,* au lieu de pne.

TABLE DES MATIÈRES

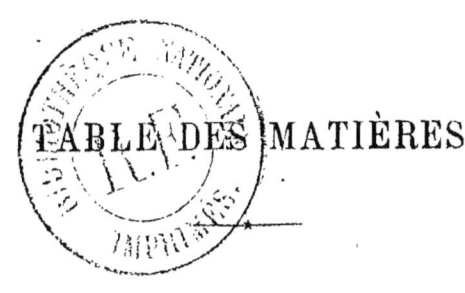

I	Mon origine..	7
II	Départ de France et évènements du voyage................	14
III	Arrivée à Santiago de Cuba. — Maladie du pays	16
IV	Voyage à la Nouvelle-Orléans, aux États-Unis et à l'Amérique du Sud	19
V	Retour à Cuba et apprentissage d'habitant	25
VI	Entreprise pour établir l'habitation *Concordia*............	27
VII	Retour à la Nouvelle-Orléans. — Emploi comme capitaine du navire *la Linda*..................................	31
VIII	Malheurs survenus pendant cette seconde entreprise	34
IX	Retour à Cuba et achat de la vega *Constancia*.............	35
X	Arrivée à Santiago de Don Ramon Hortegaz avec sa famille. Mon mariage avec sa demoiselle Eusebia	38
XI	Évènements survenus sur ma vega *Constancia*............	40
XII	Mon emploi chez M. Santiago Wright....................	41
XIII	Entreprise commerciale.................................	43
XIV	Entreprise d'exploitation de mines. — Son mauvais résultat.	45
XV	Premier voyage en France	45
XVI	Achat de la stance *Delicias*............................	47
XVII	Insurrection cubaine. — Destruction de la stance *Delicias*..	52
XVIII	Mort de mon épouse...................................	54
XIX	Voyage à Cárdenas et à la Jamaïque	55
XX	Légère description de l'île de Cuba......................	57
XXI	Description de la Jamaïque et de ses habitants.............	61
XXII	Opinion sur les femmes.................................	77
XXIII	Bonnes intentions et souhaits pour la prospérité de la Jamaïque et de ses habitants	78
XXIV	Départ de la Jamaïque pour France......................	80
XXV	Ingratitude de mes enfants. — Notre séparation. — Le triste état où j'ai trouvé ma mère en arrivant à Bordeaux	82
Notes.	— Généreuse bonté de mon frère	84

www.ingramcontent.com/pod-product-compliance
Lightning Source LLC
LaVergne TN
LVHW050639090426
835512LV00007B/929